Graphisme : **Jean-François Lejeune**
Photo de la couverture : © **Michel Tremblay**

Données de catalogage avant publication (Canada)
Beauchemin, Jean-François
Ici Radio-Canada : 50 ans de télévision française
1. Société Radio-Canada - Histoire.
2. Société Radio-Canada - Ouvrages illustrés.
I. Titre.
HE8700.79.C3B42   2002   384.55'4'06571   C2002-941593-4

DISTRIBUTEUR EXCLUSIF :
Pour le Canada et les États-Unis :
MESSAGERIES ADP*
955, rue Amherst
Montréal, Québec
H2L 3K4
Téléphone : (514) 523-1182
Télécopieur : (514) 939-0406
* Filiale de Sogides ltée

Pour en savoir davantage sur nos publications, visitez notre site :
www.edhomme.com

Gouvernement du Québec — Programme de crédit d'impôt pour
l'édition de livres — Gestion SODEC.

L'Éditeur bénéficie du soutien de la Société de développement des
entreprises culturelles du Québec pour son programme d'édition.

Nous remercions le Conseil des Arts du Canada de l'aide accordée à
notre programme de publication.

Nous reconnaissons l'aide financière du gouvernement du Canada
par l'entremise du Programme d'aide au développement de
l'industrie de l'édition (PADIÉ) pour nos activités d'édition.

© 2002, Les Éditions de l'Homme,
une division du groupe Sogides

Dépôt légal : 4e trimestre 2002
Bibliothèque nationale du Québec

ISBN 2-7619-1736-7

JEAN-FRANÇOIS BEAUCHEMIN
en collaboration avec Gil Cimon

Ici Radio-Canada
50 ans de télévision française

50 ans

LES ÉDITIONS DE
L'HOMME

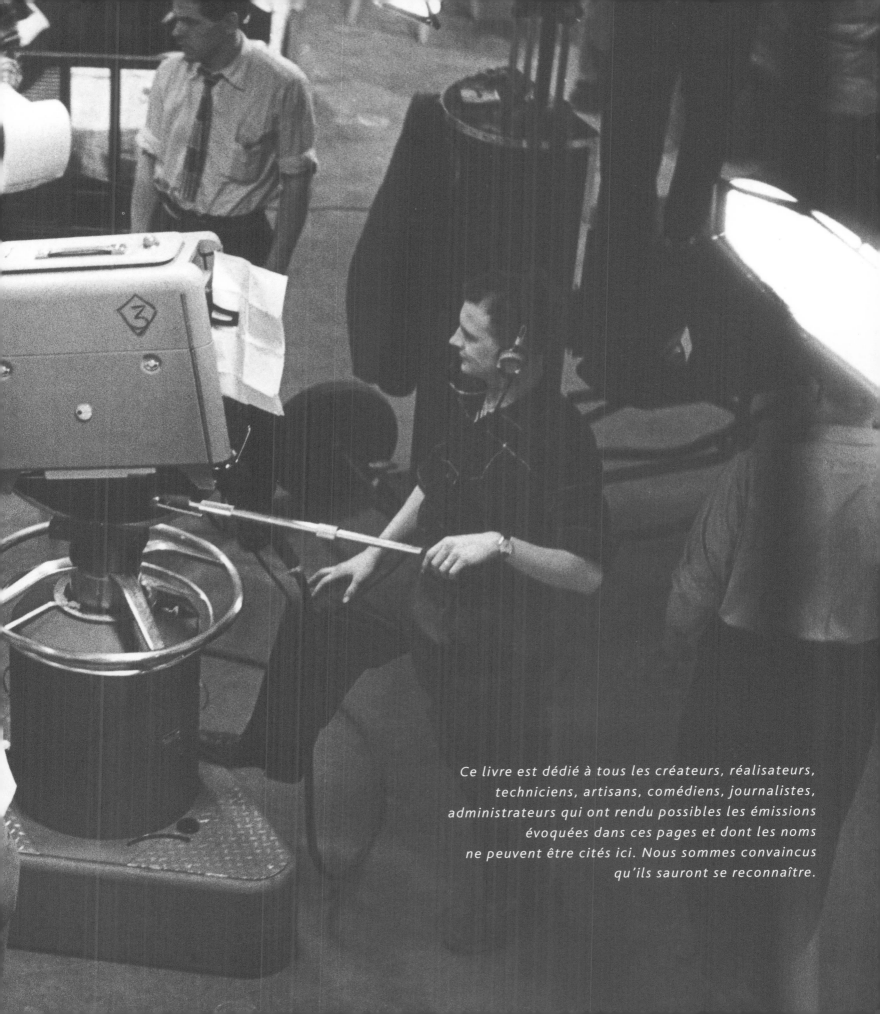

Ce livre est dédié à tous les créateurs, réalisateurs, techniciens, artisans, comédiens, journalistes, administrateurs qui ont rendu possibles les émissions évoquées dans ces pages et dont les noms ne peuvent être cités ici. Nous sommes convaincus qu'ils sauront se reconnaître.

REMERCIEMENTS

Ce livre n'aurait pu exister sans la contribution exceptionnelle de Marc Sévigny à la direction du projet, de Gil Cimon à la recherche et à la rédaction et de Danielle Coupal à la coordination du projet et à la recherche photos. Tous trois sont du service des Communications de Radio-Canada.

Ils ont été assistés dans leur travail par :
Stéphanie Duquette, Michel Filion, Chantal Fortin, François Gravel, Carole Martineau et Lysanne Saint-Laurent.

Ont aussi collaboré à ce livre :
De Radio-Canada : Christiane Asselin, Robert Baron, Danielle Bélanger, Stéphane Gourde, Manon Laganière, Nathalie Lemay, Frédérique Marceau, Robert Paul et Daniel Plaisance.
Des Éditions de l'Homme : Rachel Fontaine, Nicole Raymond.
De *La Presse* : Caroline Jamet et Danièle Viger.
De l'Union des artistes : Paule Bouchard, Pierre Curzi, Michèle Fortin, Lise Le Bel et Sylvie Vincelette.
Les agences artistiques : Ginette Achim, Act'Art (Nathalie Plourde), B-612 Communications, Chantal David, Duchesne, Jean-Jacques Desjardins, GSI Musique, Camille Goodwin, Marcel Hubert, Payer et Choquet, Le Petit Monde des artistes, Pléiades inc., Premier Rôle, Micheline Saint-Laurent, Marcelle Sanche (S.A.G.A.), STAR, Maxime Vanasse.
Les maisons de production : Feeling, Communications Guy Cloutier, Cirrus, Productions J, Productions Via le Monde, Vivavision Inc.
Du consulat de la Grande-Bretagne : Danny Nichols
De la NASA : Gwen Pitman et Bertram Ulrich
La SARTEC

Nous remercions Claude Meunier et Serge Thériault qui ont aimablement accepté de poser pour la photo de la page couverture.

Une image vaut mille mots, dit-on. Et c'est vrai le plus souvent. Le mot « image » ne renvoie-t-il pas d'ailleurs à « imagination », et l'imagination ne dépasse-t-elle pas largement les limites parfois étroites du langage ? Aussi avons-nous délibérément choisi de ne pas beaucoup parler dans ce livre. De laisser plutôt agir la formidable puissance d'évocation des quelque 300 photographies qui y sont répertoriées. Ici, pas de thèse à défendre, de marchandise à écouler, de moulins à pourfendre, pas de tambours ni de trompettes, bref, pas de long discours qui vaille. En revanche, que de l'émotion, au service du souvenir bien sûr, mais aussi du temps présent, des chatoiements de l'avenir et, encore et toujours, de l'imagination. Les mots ne seront ainsi qu'un appui, un accompagnement discret dans cette sorte de film émouvant auquel vous vous apprêtez à assister.

Mais si une image vaut mille mots, c'est de mille, de deux mille pages dont nous aurions eu besoin pour évoquer en toute justice l'immensité de la programmation de Radio-Canada depuis 50 ans. On s'en doute : des choix ont dû être faits. Pourquoi telle émission, tel événement, tel personnage, tel comédien ou tel animateur a-t-il été retenu, et pas tel autre ? Mais, simplement, parce que les livres comme celui-ci sont de parfaits modèles d'injustice ! Il faudrait, pour que chacun et chaque chose y trouve sa place, admettre ces livres-là dans un autre genre littéraire, celui des encyclopédies ou, plus modestement, celui des catalogues, des almanachs, des annuaires. Ce n'est pas ce que nous avons voulu faire. Nous avons préféré faire naître des sourires sur les visages, des méditations dans les esprits, des fébrilités dans les cœurs, de petits feux dans les âmes.

Mais rien ni personne n'a été oublié. Chaque individu, chaque événement faisant partie de l'histoire de notre télévision publique a son espace ici. Ne serait-ce que par l'esprit qu'ils ont su insuffler aux divers artisans de ce livre.

La première fois que j'ai vu la télévision, c'était à l'été 1953 ; j'avais à peine neuf ans. J'étais chez une tante qui, elle, avait cet appareil dont tout le monde parlait. On y montrait le couronnement de la reine Elisabeth II à Londres. À ce moment-là, j'étais loin de pouvoir comprendre toute la portée de ce premier grand événement mondial de la télévision et je me doutais encore moins que j'allais y passer ma vie et que, des lieux mêmes que la télévision me faisait découvrir, j'allais présenter un jour le mariage du prince Charles et les funérailles de la princesse Diana.

Ceux qui sont nés avec la télévision ne peuvent pas imaginer la fascination et l'émerveillement qu'elle a provoqués chez les enfants des années 1950, comme moi. C'était comme un livre ouvert

PRÉFACE UNE TÉLÉVISION À NOTRE IMAGE

sur le monde qui nous entourait, mais un livre qui s'animait, un album avec des milliers d'images qui bougeaient, des personnages qui vivaient devant nos yeux. Pépinot et Capucine... Maurice Richard, qui prenait enfin un visage... C'était les Pays et Merveilles d'André Laurendeau. Mais au-delà de ces découvertes étonnantes, ce qu'il faut dire, 50 ans plus tard, c'est combien cette télévision de Radio-Canada, dans ses premiers balbutiements, était la nôtre. Le public s'y est tout de suite reconnu. Il a retrouvé, en chair et en os, des personnages que la radio lui avait rendu familiers : Séraphin, la famille Plouffe, le Survenant, etc. Et d'autres qu'il découvrait, des personnages de nos manuels d'histoire comme Radisson, Des Groseilliers, sans compter ceux d'une histoire plus immédiate comme ce Simple Soldat de Marcel Dubé.

Il faut se rappeler l'isolement culturel des francophones en Amérique du Nord, encore plus considérable à l'époque, pour comprendre que la seule télévision possible au Canada français devait être la nôtre. On ne pouvait s'en remettre ni aux Français, ni aux Américains, ni aux Canadiens anglais, même si CBFT a fait une large part à une programmation anglaise jusqu'à l'ouverture de la station anglophone de Montréal quelques années plus tard.

Il n'y aurait pas de solution de facilité. Il faut rendre hommage aux pionniers de la télé de l'avoir reconnu et d'avoir plongé, sans filet, dans l'aventure pour inventer notre télévision dans ce contexte unique. La créativité, l'originalité et la compétence dont ils ont fait preuve constituent l'une des contributions les plus remarquables à notre caractère distinct de francophones. Et cela n'a jamais été aussi manifeste que dans deux secteurs qui nous appartiennent en propre.

D'abord La Soirée du hockey, parce que ce sont des gens de chez nous qui l'ont inventée. Il restera toujours, dans l'histoire de la télévision, que ce sont des artisans du réseau français de Radio-Canada qui ont conçu la couverture du hockey et qui l'ont enseignée au reste du pays et aux Américains.

Et ensuite les téléromans. Ce sont aussi nos pionniers qui ont imaginé cette rencontre unique entre l'écriture et la télévision. Il n'y a rien de comparable au monde. Contrairement aux soaps américains ou aux telenovelas d'Amérique du Sud, nos téléromans ont trouvé la manière de rejoindre un large public, mais avec une facture riche et une langue savoureuse. Et quand c'est présenté avec l'infini talent de nos comédiens, écrit et conçu avec l'imagination innovatrice de nos auteurs et de nos réalisateurs...

Depuis 50 ans, le monde des communications a complètement changé. D'autres télévisions sont apparues, la câblodistribution, puis le satellite... c'est le « monde des 500 canaux ». Et on commence à peine à mesurer l'impact d'Internet.

Au début, Radio-Canada était la seule télévision qui devait couvrir tous les secteurs : information, variétés, dramatiques, jeunesse, sports... Ce rôle a forcément évolué au fil des ans, mais dans ce nouveau contexte, une télévision généraliste différente, conçue comme un service public, est tout aussi nécessaire. Dans un pays comme le nôtre, et à plus forte raison au Canada français, la télévision publique est la seule capable de garantir notre présence dans des secteurs essentiels, notamment en information.

Ce n'est pas par hasard que Radio-Canada est l'unique média télévisé francophone au pays qui investisse autant pour maintenir des correspondants à l'étranger en permanence, dans une perspective qui est vraiment la nôtre. Une exigence qui est encore plus impérieuse aujourd'hui qu'il y a 50 ans dans ce monde que la télévision a contribué à rendre plus petit. De la guerre du Viêt-nam à la guerre du Golfe à celle de l'Afghanistan, la preuve n'est plus à faire : il faut prendre les moyens de voir le monde avec nos yeux et ceux de nos journalistes pour vraiment le comprendre. Aucune télévision étrangère ne saurait le faire.

L'esprit d'invention qui était primordial à la naissance de notre télévision l'est tout autant maintenant. Et ce qu'il faut bien réaliser après 50 ans, c'est que seule une télévision publique a les moyens de prendre les risques qu'il faut pour continuer d'inventer. Il est facile de dire après coup que La Petite Vie était promise à un succès légendaire. Mais qui d'autre que Radio-Canada pouvait prendre le risque de présenter une comédie aussi délirante ? Aujourd'hui, il y a une multitude de réseaux spécialisés. Mais au moment de la création de RDI, le premier réseau d'information continue en français, bien peu croyaient que nous étions capables d'une telle aventure.

Quand on considère un instant tous les talents qui ont été réunis grâce à la télévision de Radio-Canada depuis 50 ans, il y a de quoi être étourdi et fier aussi. Le rôle qu'elle a joué dans l'évolution de notre culture, de notre langue et de notre société est manifeste : elle a été, à sa façon, une révolution tranquille avant la Révolution tranquille.

À l'heure de la mondialisation, une télévision publique, qui est au service du public, est tout aussi indispensable. On a la télévision qu'on mérite. Et ma conviction, c'est que nous méritons une télévision qui respecte l'intelligence. La télévision de Radio-Canada a été l'un des meilleurs instruments que nous ayons eus pour affirmer notre présence dans le monde. Il faut aujourd'hui avoir l'audace et la vision de lui donner les moyens de continuer à jouer son rôle pour que, dans 50 ans, ceux et celles qui célébreront le centenaire de notre télévision puissent publier un livre aussi riche et émouvant que celui que nous vous offrons.

BERNARD DEROME
11 AOÛT 2002

introduction

C'était fou !

En 1957, *Cap-aux-Sorciers* figurait en bonne place parmi les « programmes » les plus écoutés du déjà célè-bre canal 2. Cette année-là, on décida de tenter une expérience dans l'édifice abritant les studios de Radio-Canada (l'ancien Hôtel Ford), boulevard Dorchester à Montréal. Il s'agissait, pour une scène du fameux télé-roman, de créer artificiellement un peu de brume à l'aide d'une bombe fumigène. Tout se déroula comme prévu, du moins au cours des... deux premières minutes. Car la fumée commença bientôt à envahir non seu-lement le studio, mais tout l'édifice ! La situation devenant incontrôlable, on dut faire appel aux pompiers, qui éventrèrent la bombe à coups de pic et déversèrent dessus deux seaux remplis de sable. La fumée finit par disparaître cependant que la gêne des techniciens demeurait encore un peu visible...

Ainsi se formait, petit à petit, humblement, au cœur d'un siècle tumultueux se remettant tout juste de la com-motion d'une grande guerre, le destin de la Télévision de Radio-Canada. « C'était fou ! » disait à propos de cette télé naissante le comédien, metteur en scène et inoubliable interprète de Picolo, Paul Buissonneau. Cinquante ans se sont écoulés depuis ces débuts, en septembre 1952. Ce cinquantenaire est l'assise de l'ou-vrage que vous tenez entre vos mains.

12 C'est à une traversée en eaux tout à la fois calmes et mouvementées que nous vous convions dans ces pages. Calmes par la douceur et la bonhomie des nombreux souvenirs que le livre ne manquera pas de raviver. Mouvementées par le reflet qu'il propose des événements, parfois durs, voire douloureux, mais toujours mémorables, déterminants et indissociables de la marche en avant des sociétés canadienne et québécoise depuis un demi-siècle. Ce n'est ni un livre d'histoire, ni un ouvrage didactique ou de référence, pas plus que ce n'est un exposé exhaustif de ce que fut, de ce qu'est, de ce que sera la Télévision de Radio-Canada. Appelons-le plutôt un rappel du pur ravissement que nous procure parfois le petit écran, de son éclatante magie, de l'extraordinaire étendue de son pouvoir et de son charme.

Cinq décennies d'émotions, de visages, de culture, d'information, d'imagination et de plaisirs défileront ainsi sous vos yeux. Comme autant de repères jalonnant la seconde moitié du siècle qui nous aura permis de voir, de nos propres yeux, des choses aussi inouïes que *La Famille Plouffe, Sol et Gobelet,* l'inoubliable Lenny dans *Des souris et des hommes, L'Homme qui plantait des arbres,* Môman et Pôpa dans *La Petite Vie,* le premier homme sur la Lune et les terribles événements du 11 septembre 2001.

Car c'est ainsi que nous avons choisi de structurer le présent ouvrage. Non pas en respectant la stricte chronologie qui consisterait en « l'écossage » systématique et progressif des décennies écoulées, mais en proposant une équipée moins raisonnable, plus proche, croyons-nous, de l'effervescence que ces 50 ans auront fait éprouver à des millions de téléspectateurs. Il y aura donc ici des avancées, des pauses, des retours en arrière, des silences, des bruissements et des fracas, des lenteurs, des hâtes. Des moments, propices à la réflexion, à l'établissement savoureux du souvenir, à l'attachement au présent, à l'évocation de l'avenir. Vous y trouverez des anecdotes, des témoignages de succès peu communs, de controverses et, aussi, des revers, inhérents à toute entreprise de création. En somme, vous y verrez à coup sûr le reflet d'une histoire serrant au plus près les idées, la culture, la langue, les enjeux de société de toute une population. Une histoire qui affirme aussi notre ouverture au monde et notre imagination. Une histoire, enfin, au cours de laquelle l'au-dace, l'innovation et la volonté de dépassement ne se seront jamais démenties, et ce, en dépit des obsta-cles et des erreurs de parcours (parlez-en aux gens de *Cap-aux-Sorciers* !).

On l'aura compris, cet ouvrage est en quelque sorte un hommage au temps qui passe. Au-delà du caractère fâcheusement... provisoire de notre durée ici-bas, n'y a-t-il pas quelque chose d'imposant, voire d'apaisant dans le défilé des années, et surtout dans les traces que celles-ci laissent derrière elles et qui nous parvien-nent encore aujourd'hui ? C'est entre autres ce que ce livre veut mesurer et mettre en évidence. Que nous reste-t-il, une fois les années envolées ? Sur quoi peut-on encore poser le pied, reposer notre tête ? La télé-vision est un média hautement critiquable. Ce qu'on peut mettre de futilités dans cette petite boîte ! Mais, au fil des ans, elle n'en est pas moins devenue indispensable, ne serait-ce que parce qu'elle nous rappelle

cette réconfortante réalité de la nature humaine : nous ne mourons jamais tout à fait. Qui a dit que nous retournerions un jour à l'état de poussière ? Celui-là ne devait pas avoir de télévision chez lui ! Car s'il est une chose que le petit écran évoque, c'est bien notre remarquable faculté de survivre dans la création, c'est-à-dire notre besoin de laisser des traces. Pourquoi ce besoin ? Peut-être par souci de faire savoir qui nous étions aux générations à venir. Pour leur donner l'envie de faire de même et qu'ainsi, tous, nous nous inscrivions dans « la grande chaîne de la vie », comme disait Raymond Lévesque. Peut-être, en somme, pour créer de petits moments d'éternité...

En cela, la télévision nous aide. En la fréquentant, on songe aux œuvres laissées, il y a 25 000 ans, sur les parois des grottes de Lascaux... Quelle stupéfiante signature ! Ces vénérables murs de roc, habillés de signes émouvants, mystérieux et parleurs, c'était un peu la télévision de l'époque. Et nous, sur quels murs écrirons-nous ? Quel sera le porteur et le messager du récit que nous faisons de notre temps ? Nul doute : la télé !

À présent, pénétrez dans ce livre. Entrez-y, parcourez ce demi-siècle fiévreux, affairé et combien fascinant qui vit naître la Télévision de Radio-Canada. De Jacques Normand à Jean-René Dufort, de *Toi et moi* à *Un gars, une fille,* de *Moi et l'autre* à *Jamais deux sans toi,* des *Belles Histoires des pays d'en haut* au *Temps d'une paix,* vous reverrez, par l'étonnante vivacité de son petit écran, la chronique de toute une société en marche. Et à la fin, vous direz peut-être vous aussi, comme Paul Buissonneau : « C'était fou ! »

Le corps

chapitre premier **50 ans d'émotion**

est un incapable

On dit qu'on peut, avec la foi, déplacer les montagnes. Mais la foi ne procède-t-elle pas de la passion ? Aussi, c'est d'abord à la passion que nous devons l'essentiel de notre ardeur. C'est par elle que nous transportons les montagnes, que nous transformons le paysage de nos existences. C'est dire comme la passion (et toutes ses déclinaisons : enthousiasme, fougue, emballement, impétuosité et autres exaltations) peut être... remuante. D'ailleurs, ne dit-on pas aussi, avec raison : « Tu vas être secoué » ? Ou alors : « Ça l'a transporté ». Ou encore : « J'ai été emporté ». Tenez, encore une autre : « Vous paraissez ébranlé ». Toujours cette idée de mouvement, de remuement...

Tout se passe en effet comme si l'immobilité était incompatible avec l'émotion forte. Peut-on imaginer 20 000 partisans d'un club de hockey restant tranquillement assis sur leurs bancs au moment du but gagnant ? Mais le mouvement dont il est ici question, celui qui s'insinue grâce à la sensibilité, est bien sûr beaucoup plus que le fruit d'une simple mécanique musculaire... En fait, il précède tout juste celle-ci : il annonce le geste, la mise en branle du corps qui, tout à sa joie, s'empare alors de l'espace comme pour l'enlacer. Ce mouvement-là est la turbulence du cœur. Mais en vérité, chacun sait bien que, dans cette riante progression

du sentiment, cœur et corps sont alliés, le premier prolongeant l'autre et se répandant hors de lui, en quelque 19 sorte, quand l'émotion arrive.

Il y a dans cela l'idée d'un récipient, d'un vase devenu trop exigu pour contenir ce qui cherche à déborder. Ah ! le débordement ! Ne dit-on pas souvent, quand l'émotion nous étrangle presque : « Je ne me contiens plus » ? Clairvoyance du langage ! On voit bien, par cette formule stupéfiante de justesse, que ce n'est pas le corps qui mène. Il est pour cela trop restreint, trop étroit, trop incapable de retenir ce qui l'anime. Oui, le corps est un incapable. Il n'est que le valet du cœur, qui lui dicte ses gestes. Mais la nature est bien faite, comme on dit. Pour contrecarrer cette fâcheuse incapacité du corps, elle a inventé l'amour, qui, fort heureusement, ne peut vivre sans les gestes. Mais cela est une autre histoire.

N'empêche. Nous sommes les jouets de puissances internes et éruptives. Des volcans, voilà ce que nous sommes. Cela tient peut-être au fait que le cœur est libre. On ne peut guère le retenir dans son élan, ni le museler, ni l'empêcher d'exprimer ce qui, sans doute, nous caractérise le plus parmi les êtres animés : cette sorte de fébrilité enfiévrée, tout entière au service de la poussée de la vie.

Les gens de la télévision, qu'ils soient devant ou derrière la caméra, ont compris cela. Ils ont compris qu'émotion signifiait mouvement, et que pour que ce mouvement ait quelque valeur, il fallait lui insuffler la vie. Que, sans cela, ce ne serait que vaine agitation, que petite émeute des muscles. Qu'il fallait par conséquent,

20 pour toucher véritablement les êtres, faire se mouvoir quelque chose au plus profond d'eux-mêmes. Qu'il fallait, ni plus ni moins, déplacer cette petite montagne assise au milieu de nous : notre cœur.

À Radio-Canada, certaines émissions ou séries ont ainsi fortement remué les gens au cours de son histoire. C'est-à-dire qu'elles ont profondément secoué leur auditoire en fracassant tous les records de popularité. Ce sont : *La Petite Vie, Le Temps d'une paix, Lance et compte, Bye Bye 94, Les Filles de Caleb, Blanche* et *Scoop*. Mais, au-delà de ces titres plusieurs fois « millionnaires », nombre d'autres ont su nous laisser un souvenir indélébile. Tour à tour, l'histoire, l'actualité et la marche du monde, les arts et les manifestations culturelles, la vie familiale, le sport, l'humour et même le monde interlope ont su inspirer à Radio-Canada d'excellents moments de télévision. Pensez-y : après avoir vu ces émissions, quelque chose en vous n'a-t-il pas... bougé ? Tout est-il encore réellement à la même place ? Non, bien sûr. Qu'est-ce donc que ce branle-bas ? C'est le cœur, sapristi ! Le voilà tout renversé... et vibrant de vie.

« On est six millions, faut s'parler », disait un célèbre message publicitaire diffusé à la fin des années 1960. Aujourd'hui, on évalue la population du Québec à environ sept millions. Quand l'auditoire d'une émission de télévision est estimé à plus de trois millions, on peut parler d'un phénomène social. Depuis 1962, huit émissions ont franchi ce cap légendaire, et les sept premières ont été diffusées à la Télévision de Radio-Canada, la huitième étant *La Petite Maison dans la prairie* présentée au réseau TVA. Nul doute que *La Famille Plouffe* aurait fait partie de ce palmarès, mais dans les années 1950, le nombre croissant mais tout de même limité de foyers

22 TROIS MILLIONS DE GENS RIVÉS AU PETIT ÉCRAN

ayant la télévision ne permettait pas d'atteindre de tels chiffres. Néanmoins, quand on relit certains journaux de cette époque, on se rend compte que la province semblait s'arrêter à l'heure des *Plouffe,* du hockey ou même de la lutte, un peu comme le 20 mars 1995 quand, pour la seule fois de l'histoire de notre télévision, le public de l'ineffable famille Paré a été estimé à plus de quatre millions de personnes...

LA PETITE VIE

1994-2000

AUTEUR

Claude Meunier

EN VEDETTE

La famille Paré au grand complet.
À l'avant, Môman (Serge Thériault),
Caro (Guylaine Tremblay), Thérèse
(Diane Lavallée), Pôpa (Claude Meunier).
À l'arrière, Rod (Bernard Fortin),
Rénald (Marc Labrèche), Lison (Josée
Deschênes) et Réjean (Marc Messier).

PRODUCTION

Avanti Ciné Vidéo

« Je n'ai pas eu une jeunesse pauvre ni malheureuse. Mais j'étais frappé par l'ennui, par le faux confort moral que se donnaient les gens en parlant de leurs bumpers, de leur dinde ou de leur gazon, alors que quelqu'un était en train de mourir. Pourquoi on ne se dit pas qu'on s'aime ? »

Claude Meunier, auteur
de *La Petite Vie,* se confiant à
la journaliste Ghislaine Rheault
(*Le Soleil,* 9 octobre 1993)

LE TEMPS D'UNE PAIX

1980-1986

AUTEUR

Pierre Gauvreau

EN VEDETTE

1. Rose-Anna (Nicole Leblanc) et Joseph-Arthur (Jean Besré)

2. Joseph-Arthur Lavoie (Pierre Dufresne) et Rose-Anna St-Cyr (Nicole Leblanc)

Au lendemain de la Première Guerre mondiale, la région de La Malbaie, au Québec, est bouleversée par l'arrivée du modernisme : le téléphone, l'électricité et l'automobile changent le visage du monde.

La carrière de ce téléroman a été interrompue le 31 octobre 1984 par la mort subite du comédien Pierre Dufresne, qui incarnait Joseph-Arthur. L'émission ne reprit qu'un an plus tard, en octobre 1985. Entre-temps, l'identité du nouveau Joseph-Arthur fit l'objet de bien des spéculations. Celui-ci fut présenté au public dans le cadre de l'émission Allô Boubou du 23 janvier 1985. Le choix de Jean Besré, qui en surprit plusieurs, se révéla très heureux.

LANCE ET COMPTE

1986-1988

AUTEURS

Réjean Tremblay et Louis Caron

EN VEDETTE

Les joueurs étoiles du National de Québec :
Marc Gagnon (Marc Messier) et Pierre Lambert (Carl Marotte)

PRODUCTION

Communications Claude Héroux inc.

Avec Lance et compte, Radio-Canada inaugure une nouvelle ère, celle des téléséries produites par des maisons de production pouvant réunir des ressources (financières, humaines, techniques) considérables. On assiste dès lors à une véritable petite révolution. La télévision, à partir de maintenant, ne sera jamais plus exactement la même.

24

LES FILLES DE CALEB

1990-1991

AUTEUR

Fernand Dansereau,
d'après l'œuvre d'Arlette Cousture

EN VEDETTE

Ovila Pronovost (Roy Dupuis) et
Émilie Bordeleau (Marina Orsini),
le couple mythique

PRODUCTION

Les Productions Cité-Amérique Inc.

*Qui n'a pas frémi d'émotion en
suivant les péripéties d'Ovila
Pronovost et Émilie Bordeleau ?
Sans doute étiez-vous du nombre...*

BYE BYE 94

1994

AUTEUR

Stéphane Laporte

EN VEDETTE

Abraracourcix (André-Philippe Gagnon)
et sa douce moitié Bonnemine (Dominique Michel)

*L'un des plus brillants Bye Bye de l'histoire. Bye Bye 94 a fracassé
les records d'écoute, surpassant tous ses prédécesseurs.
Ce fut une grande fête, à laquelle le premier ministre de l'époque,
Jacques Parizeau, et son épouse, ont participé en direct !*

BLANCHE

1993

AUTEURES

Louise Pelletier et Andrée Pelletier, d'après l'œuvre d'Arlette Cousture

EN VEDETTE

1. Blanche Pronovost (Pascale Bussières) et Clovis Lauzé (Patrice L'Écuyer), unis par l'amour et l'aventure au cœur de l'Abitibi

2. Pascale Bussières dans le rôle-titre

PRODUCTION

Les Productions Cité-Amérique Inc.

Un récit passionnant et des plus touchants, que des millions de gens suivirent avec fébrilité. Le seul épisode du 11 novembre 1993 attira plus de 3 334 000 téléspectateurs.

SCOOP

1992

AUTEURS

Fabienne Larouche et Réjean Tremblay

EN VEDETTE

Les journalistes d'enquête Michel Gagné (Roy Dupuis) et Stéphanie Rousseau (Macha Grenon)

PRODUCTION

Production SDA ltée

Si Scoop *a connu un tel succès, c'est beaucoup parce que les auteurs, Fabienne Larouche et Réjean Tremblay, ont su donner à leur écriture le rythme, l'inflexion et l'élan reflétant le mieux la réalité du monde moderne.*

26 ET AU PALMARÈS DES PLUS ÉCOUTÉES...

Plus de 20 autres émissions, diffusées par Radio-Canada ou TVA, ont franchi le cap des deux millions et demi de téléspectateurs pour un épisode donné. Si la présence de téléromans populaires et des matchs de hockey au plus fort de la rivalité Canadiens-Nordiques ne surprend pas, ce palmarès nous rappelle par ailleurs à quel point les quilles étaient populaires il y a une quarantaine d'années. Soulignons que toutes les émissions dont il est question dans la section qui suit sont des productions canadiennes. Il faut cependant, en toute justice, évoquer ici quelques séries étrangères faisant partie de l'inventaire dont cette section fait l'objet, telles *Jésus de Nazareth*, *Les Oiseaux se cachent pour mourir* et *L'Homme invisible*.

DES FLEURS SUR LA NEIGE
1991

AUTEUR

Jean Lepage

EN VEDETTE

Élisa T. (Céline Dion)

PRODUCTION

SDA ltée

Bien lancée sur la voie d'une brillante carrière internationale dans le monde de la chanson, Céline Dion étonnait encore, en 1991, alors qu'elle démontrait ses talents de comédienne en incarnant une adolescente en difficulté.

MOI ET L'AUTRE

1966-1971, 1995-1997

AUTEURS

Gilles Richer (1966-1971),
Denise Filiatrault (1995-1997)

EN VEDETTE

Des amies inséparables,
Dominique Dupuis
(Dominique Michel) et
Denise Létourneau (Denise Filiatrault)

« Le seul moment où Denise et Dodo ont tiré les larmes des téléspectateurs, ce fut le soir de la dernière émission de la série. Quand, accompagnées des autres comédiens de l'équipe, elles ont fait leurs adieux, toutes deux avaient les larmes aux yeux et, devant des milliers d'écrans, un peu partout à travers le pays, les téléspectateurs étaient étreints par l'émotion. »

Fernand Côté, journaliste (*Ici Radio-Canada*, 1971)

RUE DES PIGNONS

1966-1977

AUTEURS

Louis Morisset et Mia Riddez

EN VEDETTE

Flagosse Berrichon (Rolland D'Amour) et le père Émery Lafeuille (Jean Duceppe)

La rue des Pignons existe-t-elle dans la réalité ? Voici ce que répondait à cette question l'auteur Louis Morisset, en octobre 1966 : « Disons en vérité qu'elle ne s'appelle pas " rue des Pignons ", mais elle existe, et elle est située à Montréal entre les rues Cartier, Maisonneuve et Hochelaga... »

GRAND-PAPA

1976-1979

AUTEURE

Janette Bertrand

EN VEDETTE

Charles-Henri Lamontagne
(Jean Lajeunesse) et sa petite-fille,
Geneviève (Elsa Lessonini)

Jean et Janette, comme on les appelait affectueusement (tant ils semblaient faire partie de la famille), ont été l'un des couples fort prolifiques et combien écoutés de la télévision d'ici. Adorée du public, l'émission Grand-papa a atteint, pour son épisode du 6 mars 1979, une cote d'écoute impressionnante de 2 737 000 téléspectateurs. La moyenne pour la saison 1978-1979 a été de 2 208 000 téléspectateurs.

TERRE HUMAINE

1978-1984

AUTEURE

Mia Riddez-Morisset

EN VEDETTE

La petite fleur, Annick Jacquemin
(Sylvie Léonard), et son grand-père,
Léandre (Jean Duceppe)

« Il y a eu Les Belles Histoires, *mais nous étions au temps de la colonisation.*
Il y a eu aussi Le Survenant, *mais alors les personnages étaient presque*
des citadins. Avec Mont-Joye, *nous étions déjà dans un milieu industriel.*
Terre humaine, *c'est véritablement, je crois, la classe rurale moyenne*
moderne. C'est la campagne des années 1970. »

Guy Provost, comédien
(qui jouait le rôle d'Antoine Jacquemin dans *Terre humaine*), en 1978

LES BELLES HISTOIRES DES PAYS D'EN HAUT
1956-1970

AUTEUR

Claude-Henri Grignon

EN VEDETTE

1. Séraphin (Jean-Pierre Masson) et
Donalda (Andrée Champagne)

2. Le curé Labelle (Paul Desmarteaux)
et sa mère (Marthe Thiéry)

Les Belles Histoires des pays
d'en haut *faisaient revivre l'époque
de la colonisation de la région des
Laurentides, au Québec. Une fresque
monumentale, un jalon dans l'histoire
de la télévision canadienne.*

MATCHS CANADIENS-NORDIQUES

La Soirée du hockey

EN VEDETTE

1. Peter Stastny affronte Guy Carbonneau lors d'une mise en jeu.

2. « Le Tigre », Michel Bergeron, derrière le banc des Nordiques

Au chapitre des émotions fortes, les séries éliminatoires de la coupe Stanley opposant l'équipe de Montréal aux Nordiques de Québec sont notoires. Au plus fort des belles années de la rivalité entre les deux équipes, ces séries attirent environ un million de téléspectateurs de plus que celles d'autres formations. À cet égard, le match du 28 avril 1987 est éloquent. Cette partie était la cinquième d'une série chaudement disputée, remportée à la fin par les Canadiens en sept rencontres. Vers la fin de la troisième période, l'arbitre refusa un but aux Nordiques. Quelques secondes plus tard, les Canadiens marquaient le but gagnant. Ce fut vraiment le point tournant de la série.

LA BONNE AVENTURE

1982-1986

AUTEURE

Lise Payette

EN VEDETTE

Quatre amies dans la trentaine.
À l'avant, Anne (Christiane Pasquier) et Martine (Nathalie Gascon).
À l'arrière, Hélène (Joanne Côté) et Michèle (Michelle Léger).

*Parlant de La Bonne Aventure dans une longue entrevue accordée au magazine La Vie en rose de mai 1985, Lise Payette soulignait :
« On n'a jamais vu des femmes vivre comme ça nulle part à la télévision. Oui, j'ai le sentiment de changer le stéréotype, l'image que les femmes ont d'elles-mêmes et que les hommes ont des femmes. »*

QUELLE FAMILLE !

1969-1974

AUTEURS

Janette Bertrand et Jean Lajeunesse

EN VEDETTE

C'est Noël chez les Tremblay. Nicole (Ghislaine Paradis), Isabelle (Isabelle Lajeunesse), Gérard (Jean Lajeunesse), Fernande (Janette Bertrand), le chien Macaire, Martin (Martin Lajeunesse), Germain (Robert Toupin) et, derrière, Marie-Josée (Joanne Verne).

La famille Tremblay... en Europe ! Au cours de la troisième année de diffusion, Radio-Canada a conclu la vente de 13 épisodes de Quelle famille ! *aux télévisions nationales de France, de Belgique, de Suisse, du Luxembourg et de Monte-Carlo.*

L'HEURE DES QUILLES

1957-1978

ANIMATEURS

L'animateur Raymond Lebrun, à droite, en compagnie de l'analyste Gérard Richard et du descripteur Yvon Blais

Pour bien montrer à quel point il ne faut pas sous-estimer l'extraordinaire engouement pour les quilles au début des années 1960, mentionnons qu'en 1962, les 500 000 exemplaires du Manuel du quilleur, *publié par un des commanditaires de* L'Heure des quilles, *se sont envolés en un rien de temps !*

34 CHRONIQUE DU MONDE

C'est un cliché, mais il ne cesse de se vérifier depuis 50 ans : la télévision réunit tout le monde dans l'instantanéité des événements, d'ici et d'ailleurs. La section que voici témoigne d'un privilège typique de notre époque, celui de voir l'histoire s'écrire en direct, à partir d'une formule toute simple : « Une émission spéciale d'information de Radio-Canada ».

COURONNEMENT DE LA REINE ÉLISABETH II
2 juin 1953

ÉVÉNEMENT

La reine Élisabeth II lors de son couronnement en compagnie du prince Philippe, son mari

Près de 13 000 mètres de film furent nécessaires à la production de cette émission d'une durée de sept heures. Grâce à un procédé spécial, ces films étaient développés moins de deux minutes après la prise de vue, pour entreprendre ensuite une traversée aérienne de l'Atlantique. Cela a permis à Radio-Canada de diffuser sur son réseau, moins de quatre heures après la fin des cérémonies à Londres, le film complet du couronnement.

EXPO 67

1964-1965-1966-1967

LIEU

Le site d'Expo 67

Dès février 1964, les téléspectateurs de Radio-Canada purent suivre les étapes de préparation à l'Exposition universelle du Canada (Expo 67), attendue, comme chacun sait, à Montréal en 1967. Une série d'émissions furent produites en ce sens, dont on diffusa les différentes parties en quatre segments répartis de l'hiver 1964 au printemps 1967.

36

LA CONQUÊTE SPATIALE

depuis 1958

ANIMATEURS

1. Henri Bergeron et Marcel Sicotte

ÉVÉNEMENT

2. Décollage de la fusée Apollo XI

3. L'astronaute Edwin Aldrin marche sur le sol lunaire.

4. Les astronautes d'Apollo XI, Michael Collins, Neil Armstrong et Edwin Aldrin, lors d'une conférence de presse à Radio-Canada en décembre 1969

5. Le vice-président de la Télévision française de Radio-Canada, Raymond David, à droite, accompagne l'astronaute Edwin Aldrin vers le studio de télévision.

Du lancement d'Explorer I, premier satellite américain, jusqu'à la mission Apollo-Soyouz quelque 15 ans plus tard, la télévision publique a été de tous les rendez-vous qui jalonnent la conquête de l'espace. Rappelons notamment l'incroyable odyssée de la mission Apollo XI, qui permit à Neil Armstrong de poser, le premier, le pied sur le sol lunaire. De quoi rêver pendant... des lunes!

CRISE D'OCTOBRE 1970

ANIMATEUR

1. Gaétan Montreuil
lisant le manifeste du Front de
Libération du Québec

ÉVÉNEMENT

2. Les mesures de guerre entraînent
la présence de nombreux militaires
dans les rues de Montréal.

*Des drames comme celui de la Crise d'octobre interpellent les médias.
Radio-Canada a suivi l'évolution de la crise de jour en jour avec des
émissions spéciales animées par Bernard Derome qui faisait alors ses débuts
au Téléjournal. Pour sa part, Gaétan Montreuil a eu la tâche délicate de lire le
manifeste du Front de libération du Québec (FLQ), le 8 octobre 1970. Ce geste
a été concédé par les autorités dans l'espoir de sauver la vie du diplomate
britannique James Richard Cross, knidnappé par le FLQ, qui sera finalement
libéré le 3 décembre. Enlevé à son tour le 10 octobre, le ministre Pierre Laporte
sera retrouvé mort sept jours plus tard.*

ÉLECTIONS ET RÉFÉRENDUMS

depuis 1953

ÉVÉNEMENT

1. Élection du Parti Québécois en 1976. René Lévesque célèbre sa victoire en compagnie de ceux qu'il nommera ministres plus tard : Camille Laurin, Pierre Marc Johnson, Denis Lazure, Claude Charron et Lise Payette.

2. Référendum en 1980. Pierre Elliott Trudeau en pleine campagne.

3. Le plateau de la spéciale *La Réponse*, le 20 mai 1980.

C'est le scrutin fédéral du 10 août 1953 qui fut l'objet de la première soirée d'élections de l'histoire de la télévision au pays. Mais nombre d'autres moments du genre ont été captés par Radio-Canada. Parmi ceux qui passèrent à l'histoire : les élections du 15 novembre 1976 au Québec, La Réponse (soirée référendaire du 20 mai 1980) et Référendum 95 – Le Choix.

38

FUSILLADE DE LA POLYTECHNIQUE

à *Montréal ce soir*, 6 décembre 1989

ÉVÉNEMENT

Ce soir-là, le *Montréal ce soir* s'ouvre en plein drame, ce genre de drame qui se passe d'habitude loin de chez nous. On apprend d'abord qu'un tireur fou sème la panique à l'École polytechnique. De minute en minute, le film d'horreur se précise ; on découvre que 14 jeunes femmes ont été victimes de la haine pathologique du meurtrier. En 1991, le Parlement du Canada décrète le 6 décembre journée nationale de commémoration et d'action contre la violence faite aux femmes, afin que personne n'oublie la signification de cet événement.

Depuis le 6 décembre 1989, plusieurs personnes se recueillent chaque année à la même date en mémoire des 14 femmes tuées ce jour-là et pour toutes les femmes victimes de violence.

VISITE DU PAPE JEAN-PAUL II

du 9 au 20 septembre 1984

SUR LA PHOTO

Le président-directeur général de Radio-Canada, Pierre Juneau, remet une vidéocassette résumant 120 heures de tournage de sa visite à Sa Sainteté le pape Jean-Paul II.

Du point de vue de la logistique, la visite du pape représentait un défi encore plus considérable que la diffusion des Jeux olympiques de 1976. Car cette fois-ci, les déplacements de Jean-Paul II exigeaient de l'équipe technique et des reporters qu'ils se déplacent aussi, suivant le pape la plupart du temps, le précédant même parfois.

40 SPORTS ET MOMENTS FORTS : QUELQUES RAPPELS

Sans doute les exploits sportifs se paraient-ils d'une aura supplémentaire quand ils n'existaient que par ouï-dire, quand on pouvait les raconter comme des histoires de pêcheurs. Mais les temps ont changé et, tout bien considéré, ne vaut-il pas mieux vivre aujourd'hui tous ces moments inoubliables devant le petit écran, en témoins fidèles et attentifs ? Comme ces 18 coupes Stanley remportées en direct par les Canadiens de Montréal. Ce match inaugural des Expos gagné de façon spectaculaire. Ces Jeux des Montréal qu'on a pu suivre du matin jusqu'au soir. Et, bien sûr, tant d'autres prouesses, aux Jeux olympiques ou ailleurs.

Depuis 1964, Radio-Canada a diffusé des reportages quotidiens de la plupart des Olympiades d'été et d'hiver, permettant au public de partager à toute heure du jour, et parfois de la nuit, les exploits de nos athlètes. Des moments en or !

QUAND LE CORPS REJOINT « L'EXIGENCE DE L'ESPRIT »

« Ce n'est pas le corps qui est une fin. Nous le sentons dans cet effort même où nous nous servons de lui, où nous le plions, où nous le brisons, selon notre exigence, où nous le forçons d'obéir. La joie que nous cherchons est celle d'amener le corps à une éphémère coïncidence avec l'exigence de l'esprit. De là vient qu'il y a, dans la plénitude du geste sportif réussi, un instant de divinité. »
Pierre de Coubertin

Lors des Jeux de Montréal, c'est René Lecavalier qui présentait les différents reportages à la Télévision de Radio-Canada, diffuseur officiel des Jeux olympiques, à l'époque comme aujourd'hui. Sur les sites proprement dits des compétitions, on retrouvait l'équipe des commentateurs de l'époque : Richard Garneau, Jean-Maurice Bailly, Raymond Lebrun, Lionel Duval, Pierre Dufault, Claude Quenneville, Winston McQuade, Serge Arsenault, Jean Pagé, Michel Picard et Pierre McNicoll.

LES JEUX OLYMPIQUES DE MONTRÉAL

juillet 1976

EN VEDETTE

1. Les cérémonies d'ouverture

2. Pierre Dufault s'entretient avec la gymnaste russe Nelly Kim.

3. La reine des Jeux de Montréal, Nadia Comaneci

LES JEUX OLYMPIQUES DE SÉOUL

1988

ÉVÉNEMENT

L'affaire Ben Johnson. Le sprinter canadien, médaillé d'or aux Jeux olympiques d'été de Séoul en 1988, disgracié en raison de dopage.

C'est l'histoire d'un athlète olympique considéré, l'espace d'un court moment, comme un demi-dieu, puis déchu. L'affaire Ben Johnson. Assurément l'un des épisodes les plus inusités de notre histoire sportive.

42

LES JEUX OLYMPIQUES D'ATLANTA

1996

ÉVÉNEMENT

Les sprinters canadiens célèbrent leur médaille d'or au relais 4 X 100 mètres. Bruny Surin et Glenroy Gilbert (de face) donnent l'accolade à Donovan Bailey et Robert Esmie.

Moments de plénitude. Grâce aux images captées par la Télévision de Radio-Canada, ce sont des centaines de milliers de téléspectateurs qui ont pu partager, ou à tout le moins imaginer, ne fût-ce qu'un instant, l'intensité de l'émotion ressentie par nos athlètes lors de l'obtention de leur médaille d'or à Atlanta.

LES JEUX OLYMPIQUES D'HIVER DE SALT LAKE CITY

2002

ÉVÉNEMENT

Jamie Salé et David Pelletier reçoivent la médaille d'or de patinage en couple.

LES JEUX OLYMPIQUES D'HIVER DE NAGANO

1998

CHEFS D'ANTENNE

Jean Pagé et Marie-José Turcotte

44

LA SÉRIE DU SIÈCLE
(CANADA-URSS)
1972

1. L'Union soviétique a surpris tout le monde avec ses joueurs remplis de talent, dont le célèbre gardien de but Vladislav Tretiak.

2. Vladislav Tretiak affronte Yvan Cournoyer et Frank Mahovlich.

Pour la première fois de l'histoire, les étoiles du hockey professionnel se mesuraient à l'équipe nationale soviétique. La tension s'est sans cesse accrue au cours des huit matchs de la série. Les quatre dernières rencontres en direct de Moscou, diffusées chez nous l'après-midi, ont provoqué une véritable vague d'absentéisme au bureau et à l'école.

LES CANADIENS GAGNANTS DE LA COUPE STANLEY

1. Bernard Geoffrion, Dickie Moore et le légendaire Maurice Richard (1957)

2. Le capitaine Jean Béliveau brandit la coupe avec fierté. (1968)

3. Yvon Lambert, Mario Tremblay et Guy Lafleur savourent leur victoire. (1978)

4. Bob Gainey est porté par ses coéquipiers, dont Mario Tremblay et Yvon Lambert, sous le regard complice du capitaine Serge Savard. (1979)

5. Le gardien Patrick Roy soulève fièrement la coupe tant convoitée sous le regard de ses coéquipiers. (1993)

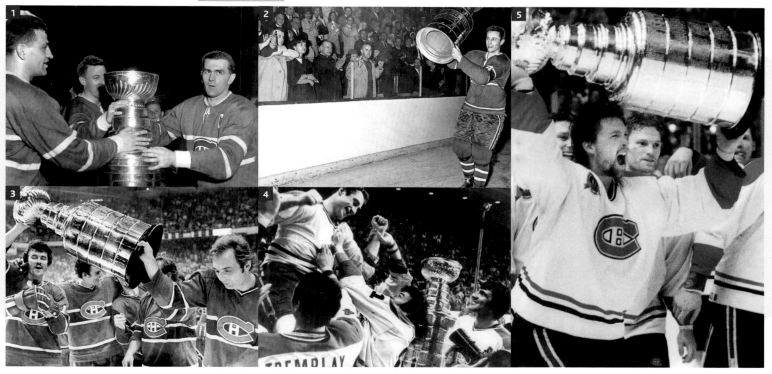

La légende de La Soirée du hockey *se confond avec celle des Canadiens. Depuis l'avènement de la Télévision de Radio-Canada, le Tricolore a remporté la coupe Stanley à 18 reprises dont cinq fois de suite entre 1955 et 1960 et quatre fois de suite entre 1976 et 1979. Dans les 20 premières années de* La Soirée du hockey, *les Canadiens ont été 11 fois couronnés champions. C'était l'âge d'or.*

46 LE TÉLÉROMAN, CE GRAND PORTEUR D'ÉMOTIONS

Si les événements marquants qui réjouissent ou bouleversent des populations entières sont devenus indissociables de la télévision, celle-ci crée également ses moments rassembleurs, comme on l'a vu en évoquant les émissions les plus populaires de l'histoire. Phénomène absolument typique de la télévision francophone au Canada, le téléroman a toujours été au fil des ans le plus grand porteur des émotions propres à la télévision. On a déjà cité un certain nombre de séries dramatiques, et d'autres seront abordées dans le chapitre sur la culture, où l'on rendra hommage aux grands écrivains de chez nous qui ont contribué à la renommée de cette forme télévisuelle. Pour l'instant, nous vous proposons un captivant périple au gré des principales sources d'inspiration de nos auteurs.

« Le fleuve aux grandes eaux » et les paysages qui le bordent constituent pour nos auteurs une source d'inspiration téléromanesque qui ne semble jamais se tarir, et ce, depuis 50 ans. L'attachement des personnages à la terre qui les a vus naître est souvent lié à l'obligation d'envisager un avenir ailleurs, à la ville notamment. Il y a là les fondements d'un drame à la fois local et universel. On le conjugue au passé ou au présent, que l'on tente de recréer une Gaspésie au cœur des studios ou qu'on tourne l'histoire, en tout ou en partie, dans le décor majestueux dont elle est le théâtre.

SUR UN ARBRE PERCHÉ, UN AUTEUR, INSPIRANT LES EFFLUVES DE LA MER, ACCOUCHA D'UN TÉLÉROMAN

47

JE VOUS AI TANT AIMÉS

1958-1959

AUTEURE

Jovette Bernier

ADAPTATION

Simon Langlais

EN VEDETTE

Michel Mirbeau (Jean Coutu)

*La vie des Chardonnel, une famille de pêcheurs en Gaspésie, au Québec :
un père grognon, mais profondément humain ; une fille à l'intelligence vive ;
et une mère, sage et dévouée, qui veille à l'équilibre de chacun. Un coin
de pays où les jours passent et se ressemblent, avec ses joies, ses peines.*

CAP-AUX-SORCIERS

1955-1958

AUTEUR

Guy Dufresne

EN VEDETTE

Brigitte Vigneau (Hélène Baillargeon) et le capitaine Aubert (Gilles Pelletier)

*Cap-aux-Sorciers n'était pas une série comme les autres. À ses débuts,
il s'agissait avant tout d'un spectacle de folklore dramatisé, présentant des
contes et des légendes du monde entier, racontés par un vieux loup de mer
du village de Cap-aux-Sorciers. Par la suite, les personnages prenant corps
et âme, l'émission devint, en 1955, un authentique téléroman.*

L'HÉRITAGE

1987-1990

AUTEUR

Victor-Lévy Beaulieu

EN VEDETTE

Miriam (Nathalie Gascon)
au chevet de son père mourant,
Xavier Galarneau (Gilles Pelletier)

*« Je n'ai joué que des grands textes,
mais la plus belle chose qu'il m'ait
été donné de jouer dans la vie, c'est le
rôle de Xavier Galarneau », affirmait
Gilles Pelletier lors du visionnement du
célèbre épisode de la mort de Xavier,
présenté à Trois-Pistoles par
l'auteur Victor-Lévy Beaulieu.*

CORMORAN

1990-1993

AUTEUR

Pierre Gauvreau

EN VEDETTE

Pacifique Cormoran (Raymond Legault)
et Donatienne Belzile (Francine Ruel)

Après Le Temps d'une paix, *Pierre Gauvreau nous entraîne
dans la région de Kamouraska, sur l'autre rive du Saint-Laurent,
pour entrer dans l'univers de* Cormoran. *Une société fascinante,
microcosme du Québec des années 1930.*

L'OMBRE DE L'ÉPERVIER
1998

AUTEURS
Guy Fournier et Robert Favreau

EN VEDETTE
Un couple de visionnaires de la Gaspésie : Pauline Leblanc (Isabel Richer) et Noum Guité (Luc Picard)

PRODUCTION
Verseau international inc.

Une saga sur fond d'océan et de tempête, d'après le roman du même nom de Noël Audet. S'inspirant du tempérament gaspésien, la série recrée, par ses personnages démesurés et hauts en couleur, une société marquée tout à la fois par l'ambition et la fantaisie. La suite de L'Ombre de l'épervier a été diffusée à l'hiver 2000.

BOUSCOTTE
1997-2001

AUTEUR
Victor-Lévy Beaulieu

EN VEDETTE
Antoine Beauchemin (Gilbert Sicotte) fait des confidences à son petit-fils Bouscotte (Julien Bernier-Pelletier).

Victor-Lévy Beaulieu explique ainsi l'origine du titre de son téléroman : « Bouscotte, ça vient de bush cut et ça signifie la souche qui reste d'un arbre coupé. Dans le Bas-du-Fleuve, on a utilisé le mot pour décrire un petit gros. Comme je l'étais, étant petit. »

Les deux téléromans quotidiens portent un nom de femme, celui de leur personnage principal. Les deux pourraient être sous-titrés *Les Coulisses de l'exploit*. Exploit, bien sûr, des auteures Lise Payette et Fabienne Larouche qui ont su animer au quotidien un univers foisonnant en retenant l'intérêt de plusieurs centaines de milliers, voire d'un million de téléspectateurs. Mais exploit aussi des interprètes principales, Louisette Dussault et Chantal Fontaine, qui, comme le veut le titre de leur série respective, se retrouvent dans tous les épisodes avec ce que cela représente en termes de tournages et de répétitions jour après jour. Un travail colossal. Et un résultat... phénoménal !

50 DEUX RENDEZ-VOUS DE FEMMES AUTEURES EN SEMAINE À 19 HEURES

MARILYN
1991-1993
AUTEURES
Lise Payette et Sylvie Payette
EN VEDETTE
1. Louisette Dussault dans le rôle-titre
2. Un couple en crise, les Cloutier, Raynald (Robert Lalonde) et Louise (Louison Danis)
3. Entrepreneurs de père en fille : Patricia (Julie St-Pierre) et son père, Jacques Melançon (Robert Gravel)
4. Le cinéaste Henri St-Jean (Michel Dumont) et sa star montante, Danièle Mercier (Mireille Deyglun)

Écrire un téléroman quotidien constitue tout un défi. Mais ce défi ne semble pas rebuter Lise Payette qui, à l'époque de Marilyn, avouait pouvoir écrire 15 épisodes en 15 jours. Une extraordinaire capacité de travail pour cette femme que rien n'arrête !

Choisie Personnalité de la semaine de La Presse, *le 7 octobre 2001, Fabienne Larouche confiait au journaliste Jean-Paul Soulié : « Dans* Virginie, *j'ai toujours un préjugé favorable pour les profs, mais je ne suis pas une donneuse de leçon, je veux montrer le pour et le contre. »*

51

VIRGINIE

depuis 1996

AUTEURE

Fabienne Larouche

EN VEDETTE

1. La jeune enseignante idéaliste interprétée par Chantal Fontaine

2. Virginie (Chantal Fontaine) et son conjoint, Bernard Paré (Jean L'Italien)

3. Virginie (Chantal Fontaine), Éric (Maxim Gaudette) et Hercule (Martin Larocque) célèbrent une grande victoire.

4. Cécile (Monique Chabot) et Pierre (Claude Blanchard), les parents de Virginie

Parce qu'à bien y penser, toutes les histoires situées dans le monde médical gravitent invariablement autour des thèmes de la vie et de la mort, ce milieu est un véritable ferment pour le cinéma comme pour la télévision. Nos grandes séries explorant ce milieu ne présentent pas de héros surnaturels à la Marcus Welby (qui, incidemment, a connu une belle carrière en français à Radio-Canada). Elles mettent plutôt en scène des êtres de chair et de sang, sujets à l'erreur, mais qui sortent grandis de l'épreuve.

52   MÉDECINE : UN UNIVERS PAS TOUJOURS HOSPITALIER

SEPTIÈME-NORD

1963-1967

AUTEUR

Guy Dufresne

EN VEDETTE

Une infirmière éprouvée par la vie, Yolande Hébert-Charron (Monique Miller)

« Le Québec est en révolution ! » C'est ce que titre Le Journal des vedettes, *en ce début d'année 1964. En effet, Guy Dufresne, auteur de la série* Septième-Nord, *vient de commettre l'impensable : il a osé mettre des « sacres » dans la bouche d'un de ses personnages ! Partout, on crie au scandale, on écrit des lettres de protestations dans les journaux et à Radio-Canada. Car, peut-on lire dans l'article du* Journal des vedettes, *c'est « toute la jeunesse de la province [qui] risque de perdre son beau langage et de commencer à parsemer ses phrases de mots défendus et vulgaires ».*

URGENCE

1996-1997

AUTEURS

Fabienne Larouche et Réjean Tremblay

EN VEDETTE

Daniel Trudeau (Serge Postigo) et Michèle Imbeault (Marina Orsini) sont troublés par les propos d'Yves Perras (Michel Dumont).

PRODUCTION

Les Productions Prisma inc.

La vie trépidante du personnel affecté à l'urgence d'un grand hôpital moderne. Des personnages intenses, un scénario rempli d'émotions et de suspense.

Au jeu des comparaisons entre notre télévision dramatique et celle des Américains, la démarcation entre les « bons » et les « méchants » est beaucoup moins nette ou systématique chez nous. Même à des époques où les stéréotypes psychologiques semblaient s'imposer au petit écran, comme à la fin des années 1950, l'un de nos plus grands héros était le personnage ambigu et mystérieux du Survenant. Quand, dans les années 1990, sont apparues les premières séries axées sur le monde interlope ou l'univers de la rue, des truands de plus ou moins grande envergure tels Giuseppe Scarfo, Tag ou Nicky Balsamo sont devenus à leur tour des héros.

MONDE INTERLOPE : DESCENTE AUX ENFERS

OMERTÀ
1996-1997 et 1999

AUTEUR

Luc Dionne

EN VEDETTE

1. L'agent Pierre Gauthier (Michel Côté), le chef de la section des crimes, Gilbert Tanguay (Michel Dumont), et l'agent double François Pelletier (Luc Picard)

2. Nicky Balsamo (Romano Orzari) face à la justice

PRODUCTION

SDA

Une enquête captivante, pleine de rebondissements, une intrigue complexe et rigoureusement construite. Omertà a été louangée par la critique et considérée comme l'une des meilleures productions de l'histoire de la télévision francophone. Après La Loi du silence, *diffusée en 1996 et 1997, une autre série d'épisodes inédits,* Le Dernier des hommes d'honneur, *a été diffusée en 1999.*

54

TAG

2000

AUTEURE

Joanne Arseneau, avec
la collaboration de Luc Dionne

EN VEDETTE

1. Le chef d'un gang de rue,
Tag (Luis Oliva)

2. Un jeune tourmenté,
Kevin (Lawrence Arcouette), et
sa mère, Mélanie (Céline Bonnier)

PRODUCTION

Motion international IV inc.

« Mais c'est beaucoup moins hard *que
la vérité, beaucoup moins violent.
Si on s'en était tenu vraiment à
ce qui se passe, on aurait eu l'air
raciste. Parce que c'est difficile de
parler de* street gangs *sans parler
d'ethnies. La nationalité donne
le ton, le décorum à une gang. »*

Joanne Arseneau, auteure de *Tag*
(*Le Soleil*, 30 septembre 2000)

Pour la première fois de sa carrière, un vétéran du milieu des cabarets décide de lancer un établissement en tournant le dos à ses vieux amis du monde interlope. Pour réussir, il doit miser sur de jeunes artistes inconnus mais remplis de passion. Une série originale qui marie musique, danse et suspense.

MUSIC HALL

depuis 2002

AUTEURE

Fabienne Larouche

EN VEDETTE

La danseuse Sylvie Bruneau
(Véronique Cloutier) et
le propriétaire Jacques Marchand
(Claude Blanchard)

PRODUCTION

Aetios Productions Inc.

LE DERNIER CHAPITRE

depuis 2002

AUTEUR

Luc Dionne

EN VEDETTE

Ross Desbiens (Roy Dupuis) au cœur de la guerre des motards

PRODUCTION

Télé-Action

Au-delà des clichés que nous sert parfois l'actualité, un regard totalement différent sur des hommes qui, bien qu'ils aient l'allure de votre paisible voisin, ont bel et bien choisi le crime comme mode de vie...

56 UNE RENCONTRE EXTRAORDINAIRE ENTRE L'IMAGINATION ET L'HISTOIRE

Si on fait abstraction de chroniques qui, comme *Le Temps d'une paix,* évoquent un lieu et/ou une époque, on compte finalement assez peu de séries qui se sont nourries au creuset de l'histoire. Mais qu'il s'agisse d'imagination pure ou de biographies romancées, toutes nous laissent en mémoire des portraits saisissants et d'ineffaçables moments de télévision.

Et, on le verra ici, le réel et l'imaginaire, lorsqu'ils se rencontrent, constituent un terreau formidable, propice aux œuvres les plus fortes.

LAURIER
1987
AUTEURS
Louis-Georges Carrier et André Dubois
EN VEDETTE
Sir Wilfrid Laurier (Albert Millaire)
à sa résidence

Pour Laurier, *une série de six heures, présentée aux deux réseaux de Radio-Canada, on ne lésina pas sur les moyens : un budget de sept millions de dollars, 150 comédiens, 2 000 figurants, des tournages partout au Canada, en Grande-Bretagne, en Suisse et en Italie. De plus, les costumes étaient généralement confectionnés en tissu d'époque. Fait intéressant, on s'est servi du lit authentique de Sir Wilfrid pour tourner la scène de sa mort.*

De 1682 à 1704, la Nouvelle-France est un territoire fort convoité, et politiquement encore fragile. Un homme, Pierre Le Moyne d'Iberville, bataille dur contre les Anglais de Boston et les Hollandais de Manhattan. Ses expéditions le mènent là où il faut lutter contre la prédominance de la Compagnie du Nord, à la baie d'Hudson. C'est un pays grand comme un continent qu'il doit conquérir avec quelques centaines d'hommes.

57

D'IBERVILLE

1967-1968

AUTEUR

Guy Fournier

DIALOGUES

Jacques Létourneau

SCÉNARIO

Jean Pellerin

EN VEDETTE

Pierre Le Moyne d'Iberville
(Albert Millaire)

MARGUERITE VOLANT

1996

AUTEURS

Jacques Jacob et Monique H. Messier

EN VEDETTE

1. Le capitaine James Chase (Michael Sapieha)
2. Catherine Sénart dans le rôle-titre

PRODUCTION

Cité-Amérique

Aucune série dramatique inspirée de notre histoire n'a été aussi attendue que Marguerite Volant *depuis* Les Filles de Caleb *et* Blanche. *Une saga en 11 épisodes qui fit revivre l'époque lointaine où, par le traité de Paris, la Nouvelle-France était cédée à l'Angleterre.*

LES FORGES DE SAINT-MAURICE

1972-1975

AUTEUR

Guy Dufresne

EN VEDETTE

Le fondeur Lardier (Léo Ilial)

*Quand Guy Dufresne commença
à rassembler la documentation
nécessaire à la rédaction des* Forges
de Saint-Maurice, *il découvrit
l'existence d'un document rédigé
dans les années 1730 par un
enquêteur du Roi chargé de rendre
compte de la situation aux Forges.
Dufresne s'en inspira fortement,
n'inventant pour ainsi dire rien,
pas même les noms de ses
personnages. Les Godard et
les autres ont vraiment existé !*

60 SOCIÉTÉ MODERNE, PRÉOCCUPATIONS MODERNES

À une époque pas si lointaine où la guerre froide faisait encore rage, d'aucuns concevaient le monde, voire la vie, en termes idéologiques, allant même jusqu'à avancer que tout est politique. Et certes, à Radio-Canada, les dimensions sociales et politiques se retrouvent à des degrés divers dans presque toutes les séries dramatiques qu'on a pu suivre depuis 50 ans. Elles constituent cependant la trame essentielle de quelques-unes d'entre elles, que nous évoquons ici.

MONSIEUR LE MINISTRE
1982-1986
AUTEURES
Michèle Bazin et Solange Chaput-Rolland
EN VEDETTE
Le ministre Alain Robert (Michel Dumont) lors de son assermentation
en compagnie de sa femme Louise (Andrée Lachapelle)

Au cours des années de diffusion de Monsieur le ministre, il n'était pas rare d'entendre que le ministre des Affaires sociales de l'époque, Pierre Marc Johnson, correspondait exactement au personnage du téléroman de Solange Chaput-Rolland et Michèle Bazin. Tempes grisonnantes, élégance, tenue impeccable, rigueur intellectuelle et dévouement : autant de ressemblances indéniables entre les deux intéressés. Les auteures, pourtant, s'en défendaient bien : « Coupez, disait toujours Solange Chaput-Rolland, si vous trouvez la moindre chose qui laisse entrevoir une couleur. »

LE POLOCK

1999

AUTEURE

Claire Wojas

EN VEDETTE

Violaine (Élyse Marquis) et Wojteck (Rafal Walentowicz)

PRODUCTION

Les Productions Vidéofilms ltée

*La vie orageuse de Wojteck Gorski, un immigrant polonais déchiré entre deux familles :
celle qu'il a laissée derrière lui en Pologne, et celle qu'il fonde au Canada, ce pays où il demeure un étranger...*

DUPLESSIS

1978

AUTEUR

Denys Arcand

EN VEDETTE

Le Chef (Jean Lapointe)

*En février 1978, Claude Désorcy,
l'un des principaux collaborateurs
du réalisateur de Duplessis, Mark
Blandford, confiait ce qui suit à propos
du comédien Jean Lapointe (interprète
du rôle-titre) : « Lapointe a dû annuler
tous ses engagements antérieurs.
Pour quand même faire chaque jour
ses 18 trous, il avait demandé que
les répétitions aient lieu le matin,
mais il a été tellement pris par
son personnage qu'il a abandonné
le golf deux jours après les débuts. »*

CHARTRAND ET SIMONNE

2000

AUTEURE

Diane Cailher

EN VEDETTE

Les militants Simonne Monet-Chartrand (Geneviève Rioux)
et Michel Chartrand (Luc Picard)

PRODUCTION

Les Productions Vidéofilms ltée

*Le couple qu'ont formé Michel Chartrand et Simonne Monet se consacre
tout à la fois à sa famille et aux luttes contre l'injustice sociale. « Action et
contestation » semble être son mot d'ordre. L'histoire d'un combat, mais
aussi d'un amour, au cœur d'une époque charnière du Québec, celle de
l'avènement de la Révolution tranquille.*

62 VIES INTÉRIEURES (MAISONS, CHAMBRES, APPARTEMENTS)

L'action d'un téléroman est souvent intimement liée à son cadre. Pensez seulement à la cuisine de *La Famille Plouffe*, de *Rue des Pignons*, de *Terre humaine*... et de *La Petite Vie*. *La Pension Velder*, l'appartement partagé par les *Filles d'Ève*, la maison du *Parc des Braves* et le *4 et demi...* de Louis et Isabelle sont, d'une manière très diversifiée, des exemples éloquents de ce rapport intime qui se tisse entre l'évolution d'une série et les lieux qui la déterminent.

Nous vous convions ici à une visite guidée de quelques-uns de ces lieux qui ont marqué de si belle façon la télévision publique.

LA PENSION VELDER

1957-1961

AUTEUR

Robert Choquette

EN VEDETTE

Madame Velder (Lucie de Vienne) et son meilleur pensionnaire, Philidor Papineau (Michel Noël)

Joséphine Velder, veuve et exilée de sa Belgique natale, accueille les chambreurs dans son logement, rue Sherbrooke, à Montréal.

« Chère Madame. J'ai appris dernièrement que vous avez une chambre de libre. Comme j'ai beaucoup entendu parler de votre pension et que ça a toujours été en bons termes, j'ai décidé d'essayer d'avoir la place [...] Je vous remercie d'avance et au plaisir de vous rencontrer au début de novembre. »

Lettre manuscrite envoyée le 22 octobre 1959 à *La Pension Velder* (Radio-Canada) par M. Guy Gauthier, Matane, fidèle téléspectateur.

LE PARC DES BRAVES
1984-1988

AUTEUR

Fernand Dansereau

EN VEDETTE

Marie Rousseau (Marie Tifo)
et son beau-frère, le colonel
Tancrède Rousseau (Gérard Poirier)

En ces années de guerre, la vie n'est pas aisée pour Marie Rousseau, veuve de 39 ans. Surtout que son mari lui a laissé de lourdes dettes en mourant. Marie, cependant, tente de déguiser les apparences et d'éduquer ses trois enfants.

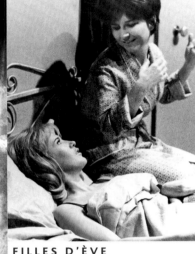

FILLES D'ÈVE
1960-1964

AUTEUR

Louis Morisset

EN VEDETTE

Deux colocataires,
Diane (Andrée Lachapelle)
et Martine (Lise L'Heureux)

Au Gala des artistes de 1964, Filles d'Ève, qui en était au terme de sa quatrième année de diffusion, reçut le titre de « Téléroman de l'année ». L'auteur, Louis Morisset, à qui on demandait de commenter l'événement, s'exprima ainsi : « Tout en reconnaissant qu'une certaine littérature s'adressant à quelque 300 personnes soit nécessaire, je préfère la pâte humaine, le quotidien. »

64

4 ET DEMI…

1994-2001

AUTEURS

Sylvie Lussier et Pierre Poirier

EN VEDETTE

1. François (Serge Postigo)
et Maryse (Lynda Johnson)

2. Louis (Robert Brouillette) et
Isabelle (Isabelle Brossard)
dans leur 4 et demi

3. Une partie de l'équipe de la
clinique vétérinaire Dufour :
Louis (Robert Brouillette),
Paméla (Nicole Leblanc),
Jean-Claude (Jacques-Henri Gagnon),
Marjolaine (Annick Beaulne)
et Pascal Constantin (Alain Zouvi)

« Personnellement, je trouve que c'était un bijou d'émission, quelque chose de rafraîchissant, d'heureux, qui n'allait ni dans la tragédie, ni dans le drame. Mais surtout, j'ai pu apprécier la justesse dans la représentation de la profession. »

Christiane Gagnon, présidente de l'Ordre des médecins vétérinaires du Québec, invitée à commenter 4 et demi..., au moment où la série prenait fin, en 2001

66 LA FIGURE PATERNELLE CONTESTÉE : QUAND PAPA N'A PAS TOUJOURS RAISON...

Vous rappelez-vous ce brave M. Anderson, ce papa qui avait toujours raison, et son concurrent tout aussi infaillible, le *pater familias* de *La Famille Stone* ? Lucien Lajoie et Rémi Duval (deux pères de famille des quelques téléromans dont nous parlerons ici) étaient assez vieux, non seulement pour les avoir connus, mais pour penser qu'ils devraient faire l'objet de la même vénération de la part de leur entourage. Or, pour leur plus grande frustration (et pour la plus grande joie des téléspectateurs), ils ont été les premières « victimes » des temps qui changent...

LA P'TITE SEMAINE

1973-1976

AUTEUR

Michel Faure

EN VEDETTE

L'ineffable Lucien Lajoie (Yvon Dufour) et sa tendre épouse Ginette (Olivette Thibault)

En France, où 11 épisodes de La P'tite Semaine *furent présentés en 1974, les critiques français ne tarirent pas d'éloges. Le journal* Le Monde, *pour ne citer que celui-là, a en effet parlé d'« un chef-d'œuvre de simplicité et de santé ».*

LES HÉRITIERS DUVAL

1995-1996

EN VEDETTE

Isabelle (Danielle Proulx)
et Christian (Antoine Durand),
pour qui la vie de parents
n'est pas de tout repos

*Un ton unique, passant de l'ironie
à la tendresse, oscillant entre la
comédie et le drame, avait fait de
Jamais deux sans toi l'un des plus
populaires téléromans de l'histoire
de la télévision d'ici. Ce ton inimitable
et les personnages créés par Guy
Fournier sont de retour en 1995 dans
une toute nouvelle série,* Les Héritiers
Duval, *s'attardant, comme son nom
l'indique, à la deuxième génération.*

JAMAIS DEUX SANS TOI

1977-1980 et 1990-1992

AUTEUR

Guy Fournier

EN VEDETTE

Francine (Angèle Coutu), Dominique (Valérie Gagné)
et l'unique Rémi Duval (Jean Besré)

Rémi et Francine Duval (Jean Besré et Angèle Coutu) ont formé, dans
Jamais deux sans toi, *l'un des couples les plus populaires de l'histoire
de la télévision d'ici. Un couple souvent enclin aux prises de bec, aux
disputes, à la bouderie, aux taquineries, mais aussi profondément aimant.
De 1990 à 1992, Guy Fournier est retourné à sa table de travail et nous a
donné une toute nouvelle série d'épisodes inédits de* Jamais deux sans toi.

Histoires de familles, histoires de couples, histoires d'amour, passions, rencontres, ruptures...
Voilà bien des ingrédients qu'on retrouve dans presque toutes les séries dramatiques. Mais lorsqu'une série prend pour objet un groupe d'amis, de familles, de collègues, ces jeux de l'amour — mais pas nécessairement du hasard — se muent en une mosaïque captivante, faisant naître un univers à part entière.

68 DES COUPLES QUI SE FONT ET... SE DÉFONT

DES DAMES DE CŒUR
1986-1989

AUTEURE
Lise Payette

EN VEDETTE
1. L'irrésistible Jean-Paul Belleau (Gilbert Sicotte)
2. Claire (Luce Guilbeault), Lucie (Louise Rémy),
Véronique (Michelle Rossignol) et Évelyne (Andrée Boucher)

Le 24 août 1988, on pouvait lire, sur trois colonnes à la une de La Presse, un texte intitulé : « Jean-Paul va rebondir ». C'était un scoop. Depuis le printemps précédent, tout le Québec attendait impatiemment de connaître le sort réservé au plus célèbre don Juan du petit écran, frappé par une voiture à la fin de la saison 1987-1988.

SOUS UN CIEL VARIABLE
1993-1994
AUTEURS
Anne Boyer et Michel d'Astous
EN VEDETTE
L'ambitieuse Lisette (Hélène Loiselle), son mari, Léon (Guy Provost),
et sa sœur Adrienne (Charlotte Boisjoli)

« Sous un ciel variable *se fait voler ses décors !* » apprenait-on dans La Presse *du 10 août 1994.* « *Constance Paré, une des réalisatrices du téléroman, s'est bien mal réveillée hier matin. La roulotte qui contenait les décors et les accessoires de son téléroman a été volée dans le stationnement de l'Auberge des Carrefours, à Cowansville, au cours de la nuit. [...] Si vous savez où est la roulotte disparue, vous pouvez téléphoner à l'auberge, au 1-263... La police locale fait enquête.* »

MON MEILLEUR ENNEMI
depuis 2001
AUTEURES
Suzanne Aubry et Louise Pelletier
EN VEDETTE
Michel (Stéphane Breton) et Geneviève (Macha Grenon)

Mon meilleur ennemi *n'est pas qu'une des plus belles histoires d'amitié de notre télévision. C'est aussi le récit d'un amour déchirant, un témoignage vibrant de la difficulté de vivre dans un monde où tout va vite, une illustration de valeurs personnelles bien ancrées, mais confrontées aux changements sociaux parfois déroutants de notre époque.*

Ce sont les

autres qui nous font.

Théâtre, musique, littérature, chanson, cinéma... toute expression de culture est belle, parce que toute expression de culture est un élan vers autrui. Toute culture déborde de soi : chacune de ses manifestations constitue une brique sur le grand mur de la solidarité humaine, cet édifice fragile et fabuleux. Car ce mur-là reste à bâtir, sinon à parfaire, et n'est jamais tout à fait achevé. Qu'elle est difficile à atteindre, cette cohésion de l'humanité !

En cela, la culture est unificatrice, elle contribue au rapprochement des citoyens du monde que nous sommes. Nous nous rassemblons autour d'elle. Comment expliquer ce phénomène ? En constatant et en admettant que la culture sert un dessein qui, d'emblée et universellement, nous séduit : celui de créer de la beauté, de questionner notre univers, d'inventer de nouvelles façons de le comprendre, de le voir, de le ressentir et de le partager. Un monde idéal serait unanimement fait de ce partage-là où chacun, adoptant un peu de la vision de l'autre, finirait par être un peu cet autre, conciliant de cette façon ses différences. N'est-ce pas une des grandeurs de la culture que de tendre, non pas à abolir les diversités, mais à les unir plutôt ? Il existe à ce propos une histoire, illustrant assez justement cette idée.

72 On était au début du monde, et le monde, à cette époque-là, ne comptait que de rares habitants : un cheval blanc, 12 serpents et un oiseau-rasoir. Le cheval, accablé par la chaleur de juillet, s'en fut un jour s'abreuver au ruisseau. Mais le soleil chauffait tant que boire ne lui suffit pas. Alors il se rendit auprès de l'oiseau-rasoir et lui ordonna : « Coupe-moi les cheveux en brosse ! » Et le volatile coupa la crinière du cheval.

Mais la canicule s'éternisait. Le cheval appela alors à lui les serpents et leur dit : « Montez sur mon dos, et rafraîchissez-moi de votre ombre ! »

Et les serpents, qui sont des bêtes dociles, firent ce qu'on leur demandait. Mais leur forme étant ce qu'elle est, ils ne couvrirent que par bandes étroites le corps du coursier. Qu'à cela ne tienne, le cheval en fut tout de même fort soulagé.

Les heures passaient. Le cheval bronzait. Puis le soleil déclina, et le cheval congédia les serpents.

Il revint plus tard boire au ruisseau. Du haut de sa chaise céleste, Dieu l'aperçut. « Tiens ? C'est bizarre, songea-t-il. Quelle est cette bête à la crinière en brosse et au pelage strié ? Je ne me souviens pas d'avoir créé pareil animal. Mais, bah ! Et puisqu'il faut que toute créature porte un nom, je l'appellerai : zèbre. »

Cette histoire suggère que ce sont les autres qui nous font. Souvent même à notre insu, par le seul fait que nous les côtoyons, que nous nous frottons à leur culture. D'ailleurs, c'est connu, la culture abolit les frontières, quelles qu'elles soient. La culture ignore et dépasse nos langages particuliers, puisqu'elle les contient tous :

d'où que nous soyons, nous pouvons « comprendre » l'œuvre d'Igor Stravinski, de Milton Nascimento, de **75** William Shakespeare, de Michel Tremblay, des Rolling Stones ou de Marguerite Duras.

Nul doute en tout cas que des productions comme *Des souris et des hommes*, *La Famille Plouffe*, *En pièces détachées*, *L'Homme qui plantait des arbres* et *La Vie la vie*, pour ne nommer que celles-là, auront constitué autant de petites briques ajoutées une à une au grand mur de la solidarité humaine. Et, à présent que nos yeux ont vu ces images fortes au petit écran de Radio-Canada, parions que nous en avons conservé le meilleur et que nous en portons tous un peu les traces. Parions que nous ressemblons davantage, depuis, au zèbre décrit dans l'histoire.

Les rapports entre le théâtre et la télévision pourraient faire l'objet d'un livre à eux seuls. À l'instar du cinéma, la télévision change radicalement la relation du spectateur à l'acteur, et la fait plus intime. Néanmoins, au cours des années de gloire du noir et blanc, la télévision conserve généralement une donnée fondamentale du théâtre : le direct, sa magie et ses périls. Avec l'évolution technologique, les rapports changent au point que le vocabulaire lui-même doit évoluer. À partir des années 1970, on ne dit plus *téléthéâtres*, mais *dramatiques* pour parler d'œuvres originales ou modernes et d'adaptations dans le cas des grands classiques du passé. On n'aura

76 THÉÂTRE : CLASSIQUES D'HIER ET D'AUJOURD'HUI

jamais poussé l'audace jusqu'à qualifier le *Tartuffe* de « dramatique » de Molière !

Des textes d'une multitude d'auteurs classiques ou contemporains — de chez nous, des États-Unis, de la France et de tous les coins du monde — ont été portés à l'écran dans des centaines de productions diffusées à Radio-Canada. Deux de nos plus grands dramaturges, Marcel Dubé et Michel Tremblay, ont occupé une place de choix parmi ces présentations. Ils se sont trouvés en quelque sorte réunis, en 1996, lorsque, dans sa dramatique autobiographique, *Une adolescence à fleur de peau*, Tremblay a évoqué l'impact décisif que la présentation de la pièce *Un simple soldat* de Dubé a eu sur sa vocation. Il est intéressant de noter que cette pièce, un des grands classiques de notre théâtre, a été créée à la télévision avant même d'être jouée sur les planches.

LE VRAI MONDE ?

aux *Beaux Dimanches*, 3 novembre 1991

AUTEUR

Michel Tremblay

EN VEDETTE

Claude (Michel Poirier, à droite) et son père, Alex (Gilles Renaud)

« T'es pas gêné hein ! Inventer des histoires pareilles pour te rendre intéressant :
ton père avait raison ! T'as toujours eu une imagination... maladive ! »
Ainsi parle la mère de Claude, personnage central dans la dix-neuvième
pièce de Michel Tremblay. Une touchante réflexion sur le travail d'écrivain
et les liens subtils qui se tissent entre l'art, la vie, la fiction et la réalité.

MADEMOISELLE JULIE

aux *Beaux Dimanches*, 25 novembre 1973

AUTEUR

August Strindberg

TRADUCTEUR

Boris Vian

EN VEDETTE

Nathalie Naubert dans le rôle-titre

Nathalie Naubert tenait le rôle-titre de ce classique qui ne met en scène que trois personnages. Jacques Godin et Nicole Filion lui donnaient la réplique.

EN PIÈCES DÉTACHÉES

aux *Beaux Dimanches*, 7 mars 1971

AUTEUR

Michel Tremblay

EN VEDETTE

Thérèse (Luce Guilbeault) au snack-bar

Une étude de mœurs ayant pour toile de fond l'est de Montréal. Un milieu cher à Michel Tremblay, qu'il a décrit avec un talent unique.

« Je sais que ces gens ont envie de hurler leur détresse et je le fais à leur place parce qu'on ne leur donne pas le loisir de le faire. »

Michel Tremblay

LES FEMMES SAVANTES

aux *Beaux Dimanches,* 10 décembre 2000

AUTEUR

Molière

EN VEDETTE

Philaminte (Marie-Ginette Guay), Bélise (Lise Castonguay)
et Armande (Sylvie Cantin) et, à l'arrière, Henriette (Nadine Meloche)

PRODUCTION

Tout Écran en collaboration avec le Théâtre du Trident

78

*L'avant-dernière pièce de Molière,
qui devait mourir quelques mois
après l'avoir écrite, en 1672.
Celle-ci nous est offerte dans une
magnifique production du Théâtre
du Trident mise en scène par
la comédienne Christiane Pasquier.
Cette production, qui a enchanté
le public de Québec, a été reprise
spécialement pour la télévision dans
le décor d'un manoir du XVIIe siècle,
au Domaine Cataraqui.*

LA REINE MORTE

aux *Beaux Dimanches*, 14 février 1965

AUTEUR

Henry de Montherlant

EN VEDETTE

Le prince Don Pedro et Inès de Castro (Benoît Girard et Françoise Faucher)

Un sombre drame... Un sujet emprunté à la légende d'Inès de Castro, épouse secrète de l'infant Pedro du Portugal. Inès de Castro fut assassinée en 1355 par ordre du roi. Mais son époux, à peine monté sur le trône, la vengea cruellement.

LORENZACCIO

aux *Beaux Dimanches*, 22 février 1987

AUTEUR

Alfred de Musset

EN VEDETTE

Lorenzo et Alexandre de Médicis
(Guy Nadon et Jean-René Ouellet)

Chef-d'œuvre du répertoire romantique français, Lorenzaccio est en plus une véritable fête pour les yeux et l'esprit, avec sa distribution comprenant plus de 50 comédiens.

DES SOURIS ET DES HOMMES

aux *Beaux Dimanches*,
17 janvier 1971

AUTEUR

John Steinbeck

ADAPTATION

Guy Dufresne

EN VEDETTE

Lennie (Jacques Godin)
et George (Hubert Loiselle)

*L'adaptation télévisuelle de la
célèbre pièce de John Steinbeck
est devenue un classique de la
Télévision de Radio-Canada.
Pour la première fois dans l'histoire
du théâtre à la télévision, on avait
décidé, avec Des souris et des
hommes, de tourner abondamment
en plein air, en fait, tout autant
qu'en studio. « Six jours de studio,
et six jours d'extérieurs », rappelle
le réalisateur Paul Blouin. Pour
une facture totale, à l'époque,
de 100 000 $...*

AU RETOUR DES OIES BLANCHES

aux *Beaux Dimanches*, 7 février 1971

AUTEUR

Marcel Dubé

EN VEDETTE

Manon et Élisabeth (Suzanne Marier et Marjolaine Hébert) observent Laura (Louise Marleau à l'avant-plan)

En première à la télévision, l'une des plus belles œuvres de Marcel Dubé, sa plus importante aussi, la plus grave et la plus tragique. Avec Georges Groulx, Marjolaine Hébert, Catherine Bégin, Marthe Thiéry, Louise Marleau et Serge Turgeon.

UN SIMPLE SOLDAT

aux *Beaux Dimanches*, 10 décembre 1957

AUTEUR

Marcel Dubé

EN VEDETTE

Édouard (Ovila Légaré) et son fils Joseph (Gilles Pelletier)

Un simple soldat *est une des pièces les plus célèbres de Marcel Dubé. En 1957, quand elle fut présentée pour la première fois à Radio-Canada, une distribution impressionnante était réunie devant les caméras, soit : Gilles Pelletier, Ovila Légaré, Juliette Huot, Robert Rivard, Béatrice Picard, Gilbert Comtois, Denis Drouin, Roger Garceau et Michelle Rossignol.*

LES GRANDS ESPRITS

aux *Beaux Dimanches*, 1982-1988

IDÉE ORIGINALE

Steve Allen

ADAPTATION

Jean Boisvert

EN VEDETTE

L'animateur Edgar Fruitier converse avec Voltaire (Jean-Louis Roux).

Imaginez une table autour de laquelle seraient réunis, le temps d'une discussion, Platon, Voltaire, Luther, Marie Curie et bien d'autres des esprits les plus illustres de l'histoire de l'humanité... C'est ce que proposait Les Grands Esprits. *Pour changer le monde ? Non. Pour susciter chez le téléspectateur le plaisir simple (et édifiant!) que distillent ces fabuleuses rencontres.*

Cette pièce d'Eric Bogosian, qui a fait l'objet d'un célèbre film d'Oliver Stone, a connu un succès considérable au Québec dans une traduction, une adaptation et une réalisation de Micheline Lanctôt. Patrick Huard, qui relevait avec brio le défi de son premier grand rôle au théâtre, l'a repris dans cette production conçue pour la télévision.

TALK RADIO

aux *Beaux Dimanches*, 27 février 2000

AUTEUR

Eric Bogosian

ADAPTATION

Micheline Lanctôt

EN VEDETTE

Patrick Huard dans le rôle d'un animateur provocant

À la Télévision de Radio-Canada, la musique et la danse ont principalement rayonné autour de deux grands axes : *L'Heure du concert,* de 1953 à 1966, et *Les Beaux Dimanches*, depuis l'automne 1966. Ces émissions ont été longtemps associées à Henri Bergeron, qui les a animées de 1953 à 1983.

L'Heure du concert, dont le maître d'œuvre était le réputé compositeur Pierre Mercure, a joué un rôle de premier plan dans notre vie musicale, au point que le *Dictionnaire de la musique canadienne* lui consacre deux pleines pages. Cette émission présente un répertoire mariant les

84 MUSIQUE : DE WILFRID PELLETIER À ANGÈLE DUBEAU

œuvres les plus populaires aux plus modernes, servant ainsi de tremplin à nos meilleurs artistes, et notamment aux chanteurs qui nous ont fait honneur sur la scène internationale. Pierrette Alarie et Léopold Simoneau furent d'ailleurs les vedettes de la première émission. De plus, on faisait régulièrement appel à Ludmilla Chiriaeff et à ses élèves. À ce titre, il n'est pas exagéré de dire que *L'Heure du concert* a contribué à la naissance des Grands Ballets Canadiens.

Les Beaux Dimanches ont diffusé pour leur part un nombre considérable de productions musicales, mettant notamment en vedette nos principaux orchestres. L'émission a témoigné des plus grandes réussites de l'Orchestre symphonique de Montréal sous la direction de Charles Dutoit, dont *La Symphonie fantastique* et les ballets *L'Oiseau de feu, Le Mandarin merveilleux* et *Le Sacre du printemps.*

Radio-Canada a aussi capté un nombre impressionnant d'événements marquants de notre histoire musicale. Mentionnons seulement : les répétitions de Sergiu Celibidache avec l'Orchestre symphonique de Québec, les concerts dirigés par Agnès Grossmann à la mémoire des victimes du 6 décembre 1989, *La Symphonie des Mille,* marquant le 50e anniversaire de l'OSM.

Des séries mémorables furent également présentées, comme *Beethovenissimo,* en 1993, proposant l'intégrale des symphonies de Beethoven par l'Orchestre métropolitain sous la direction du grand chef polonais Stanislaw Skrowaczewski au Festival international de Lanaudière.

Depuis quelques années, la Télévision de Radio-Canada est au cœur de l'activité musicale d'ici, non seulement avec la diffusion des concerts enregistrés dans les grands festivals (Lanaudière, Québec, Festival International de Jazz, etc.), mais aussi avec des émissions comme *Angèle Dubeau... la fête de la musique* et bien d'autres.

LES BEAUX DIMANCHES

depuis 1966

ANIMATEUR

Henri Bergeron, animateur de *L'Heure du concert* de 1953 à 1966 et des *Beaux Dimanches*, de 1966 à 1983

L'HEURE DU CONCERT

1953-1966

EN VEDETTE

Claire Gagnier, Jean-Paul Jeannotte et Yoland Guérard dans *Le Retable de maître Pierre* de Manuel de Falla (1956)

L'HEURE DU CONCERT

7 mars 1966

EN VEDETTE

Wilfrid Pelletier à qui on rendait hommage dans cette émission

2 1

LUCIANO PAVAROTTI CHANTE NOËL
aux Beaux Dimanches,
24 décembre 1978

EN VEDETTE
Luciano Pavarotti

*Le répertoire des chants de Noël
convient admirablement au grand ténor
qu'est Luciano Pavarotti. Il en a donné
la preuve dans ce concert enregistré
à l'église Notre-Dame de Montréal
devant plus de 3 500 spectateurs.
Pour l'occasion, Pavarotti était entouré
des Petits Chanteurs du Mont-Royal,
des Disciples de Massenet et d'un
orchestre symphonique dirigé par
Franz-Paul Decker.*

L'OISEAU DE FEU
aux *Beaux Dimanches*, 13 janvier 1980

COMPOSITEUR
Igor Stravinski

EN VEDETTE
1. La danseuse étoile Claudia Moore
2. Dessin de Frédéric Back ayant servi à l'animation de *L'Oiseau de feu*

*L'un des plus beaux ballets de Stravinski. Pour cette production,
Radio-Canada fit appel au chorégraphe Hugo Romero et à l'Orchestre
symphonique de Montréal (dirigé par Charles Dutoit). Trois danseurs solistes
furent également mis à contribution : Claudia Moore (du Toronto Dance
Theatre) et deux des meilleurs éléments de la compagnie Eddy Toussaint :
Louis Robitaille et Jean-Marc Lebeau. La magie et le côté mythique de
l'œuvre furent par ailleurs soulignés par l'intégration de séquences
d'animation signées Frédéric Back.*

PORTRAIT DE JOSEPH ROULEAU

aux *Beaux Dimanches*, 16 janvier 1983

EN VEDETTE

Joseph Rouleau. On le voit ici dans le plus grand rôle de sa carrière, celui de Boris Godounov.

En 1983, le chanteur Joseph Rouleau, né à Matane, au Québec, célébrait ses 25 ans de carrière lyrique. Radio-Canada souligna cet anniversaire en proposant un portrait de la célèbre basse. On put ainsi le voir et l'entendre dans quelques-unes des œuvres mettant bien en valeur sa voix résonante et flexible, son sens du théâtre et sa stature imposante.

ANGÈLE DUBEAU… LA FÊTE DE LA MUSIQUE

étés 2001 et 2002

ANIMATRICE

Angèle Dubeau

PRODUCTION

Avanti Ciné Vidéo

Angèle Dubeau anime cette série d'émissions estivales inspirées par La fête de la musique, *événement annuel alliant musique et nature sur le site du Mont-Tremblant.*

La chanson et la télévision sont des complices de toujours. Mais ce sont aussi, hélas! des formes d'art populaire qu'on mésestime parfois lorsqu'elles se révèlent justement... trop populaires. De Félix Leclerc à Daniel Boucher, de Lucille Dumont à Gabrielle Destroismaisons, la chanson sous toutes ses formes occupe une place de choix à la Télévision de Radio-Canada. Elle s'impose au cours d'émissions de variétés comme *Au p'tit café,* dès le début des années 1950, ou à *La Fureur* maintenant; elle se déploie dans des rendez-vous qui lui sont complètement consacrés comme *Vedettes en direct* et une foule d'éditions des *Beaux Dimanches*. Elle s'éclate dans des

88 QU'EST-CE QU'UNE CHANSON SANS SON CHANTEUR ? UNE PETITE CHOSE CHANCELANTE, SANS CHALEUR ET SANS-LE-SOU

mégaspectacles présentés lors de grands rassemblements comme ceux de la Saint-Jean; elle se pare des voix et des visages des artistes les plus divers, stars légendaires d'Europe et d'ici, chansonniers, groupes pop, espoirs de la relève, etc. Comme dirait Claude Dubois: « Qu'est-ce que tu veux qu'un chanteur chante », tu l'entendras à la Télévision de Radio-Canada.

L'AUTOBUS DU SHOW-BUSINESS

1987-1989

EN VEDETTE

Jean-Pierre Ferland

Jean-Pierre Ferland a écrit et chanté des chansons inoubliables. Le Showbusiness est de celles-là. Et c'est cette même chanson qui inspira le titre de cette émission, mémorable elle aussi.

VEDETTES EN DIRECT
1973-1979

EN VEDETTE

Pauline Julien en 1979

À la différence d'autres émissions du genre, Vedettes en direct *ne s'adressait pas qu'à un auditoire composé de jeunes, comme en témoigne cet aperçu de la liste des invités de la première saison : Julien Clerc, Gilbert Bécaud, Renée Claude, Jean-Loup Chauby, Emmanuelle, Pierre Calvé, Yoland Guérard, Pierre Roche et Yolande Dulude.*

MUSIC-HALL
1955-1962 et 1965-1966

EN VEDETTE

Une spéciale inoubliable de
Music-hall avec Jacques Brel en 1961

Une émission à grand déploiement, conçue selon les règles en vigueur à Broadway, et animée avec brio, d'abord par Michelle Tisseyre, puis par Élaine Bédard (1965-1966). À l'époque, l'objectif avoué de Music-hall était de rivaliser avec Toast of the Town, l'émission américaine d'Ed Sullivan. En janvier 1958, Music-hall était regardée au Québec par 444 000 foyers, sur une possibilité de 830 000, soit 53 %. En avril 1958, à la centième émission, on estimait que 4 500 artistes s'étaient produits à l'émission depuis ses débuts. En outre, Music-hall consacrait régulièrement des éditions complètes aux stars légendaires de la chanson française.

Présent de façon plutôt discrète pendant de nombreuses années, le country a pris la place qui lui revient à la Télévision de Radio-Canada avec la diffusion de la série documentaire *Quand la chanson dit bonjour au country* en 1992. Cette série montrant au grand jour l'enracinement de cette culture de chez nous et la très grande affection entourant ses vedettes a certainement contribué à la création de séries comme *Country centre-ville* et *Pour l'amour du country*, produites à Moncton, et a permis la création de grandes émissions spéciales d'hommages telles *Renée Martel... avec simplicité* et *Bobby Hachey, country un jour, country toujours*, toutes deux diffusées en l'an 2000.

90 LE COUNTRY OU LES CHANSONS QUI RINCENT LES YEUX

COUNTRY CENTRE-VILLE
1993-1996
EN VEDETTE
Country centre-ville, un happening hebdomadaire. Le 24 décembre 1993, Renée Martel (troisième à droite) accueillait Patrick Norman, Carol-Ann King et Zachary Richard.

« Je suis peut-être naïve, mais il y a du bon rock et du mauvais rock, et du bon pop et du mauvais pop. Et personne ne chiale contre le pop et le rock. Mais quand il est question du country et du western et que les gens tombent sur un truc douteux, alors là c'est tout le country et tout le western qui mangent une claque. [...] Mais je reconnais que le country et le western pourraient évoluer un peu. »

Renée Martel, chanteuse et animatrice de *Country centre-ville* (*Le Soleil*, 28 septembre 1994)

Trente et un artistes d'ici et 75 chansons sont au programme de cette série de quatre émissions (plus une grande spéciale intitulée *Salut Willie !*, en hommage à Willie Lamothe), qualifiées à l'époque de «moment historique pour la chanson country».

«Quand un cow-boy est triste, y'a rien de plus triste. Mais personne n'a plus de fun qu'un cow-boy.»

Gildor Roy, octobre 1991

«J'aime les chansons tristes. Ça rince les yeux.»

Lucille Starr, octobre 1991

QUAND LA CHANSON DIT BONJOUR AU COUNTRY

octobre 1991

EN VEDETTE

Renée Martel et Patrick Norman encadrent Willie Lamothe et son épouse, Jeannette.

POUR L'AMOUR DU COUNTRY

étés 2001 et 2002

EN VEDETTE

Patrick Norman

Patrick Norman anime cette émission enregistrée à l'Université de Moncton. Soixante minutes de musique et de chansons avec les plus grands noms du country au Canada et parfois même d'ailleurs.

92 FRÉDÉRIC BACK, L'HOMME AUX GRANDS DESSEINS

Frédéric Back est le plus célèbre des créateurs qui ont été associés au service d'animation de Radio-Canada. Le site Internet des prix du Québec résume bien l'apport unique de celui qui fut le lauréat du prix Albert-Tessier en 1991 et du prix du Gouverneur général pour les arts de la scène en 1994: « Frédéric Back est un artiste engagé, un écologiste fervent qui s'est porté à la défense de la nature à travers toute son œuvre, d'*Illusion ?* (1974) au *Fleuve aux grandes eaux* (1993). Mais cette conscience sociale intraitable ne laisserait pas une telle marque si elle n'était portée par une approche esthétique cohérente et riche, qui renouvelle l'art du dessin animé en l'entraînant sur la voie d'une sorte d'impressionnisme en mouvement. Il aura tout de même fallu au cinéaste des années de pratique pour définir cette esthétique, des années à illustrer des livres, à réaliser des murales, à décorer des restaurants, des années passées à mettre son talent au service de diverses émissions pour la Télévision de Radio-Canada. Et à travers cette montagne de travaux, quelques films personnels à travers lesquels se définit progressivement un style qui atteint sa plénitude à partir de *Tout rien* (1978). »

Des centaines de récompenses prestigieuses ont salué les films de Frédéric Back, dont des Oscars pour *Crac !* et *L'Homme qui plantait des arbres*.

TOUT RIEN
LE FLEUVE AUX GRANDES EAUX
CRAC !
ILLUSION ?
L'HOMME QUI PLANTAIT DES ARBRES

DESSINS

1. Dessins tirés de *Tout rien* de Frédéric Back (1978)

2. Dessins tirés de *Le Fleuve aux grandes eaux* de Frédéric Back (1993)

3. Dessins tirés de *Crac !* de Frédéric Back (1981)

4. Dessin tiré de *Illusion ?* de Frédéric Back (1974)

5. Dessin tiré de *L'Homme qui plantait des arbres* de Frédéric Back (1987)

6. Dessin tiré de *L'Homme qui plantait des arbres* de Frédéric Back (1987)
(page suivante)

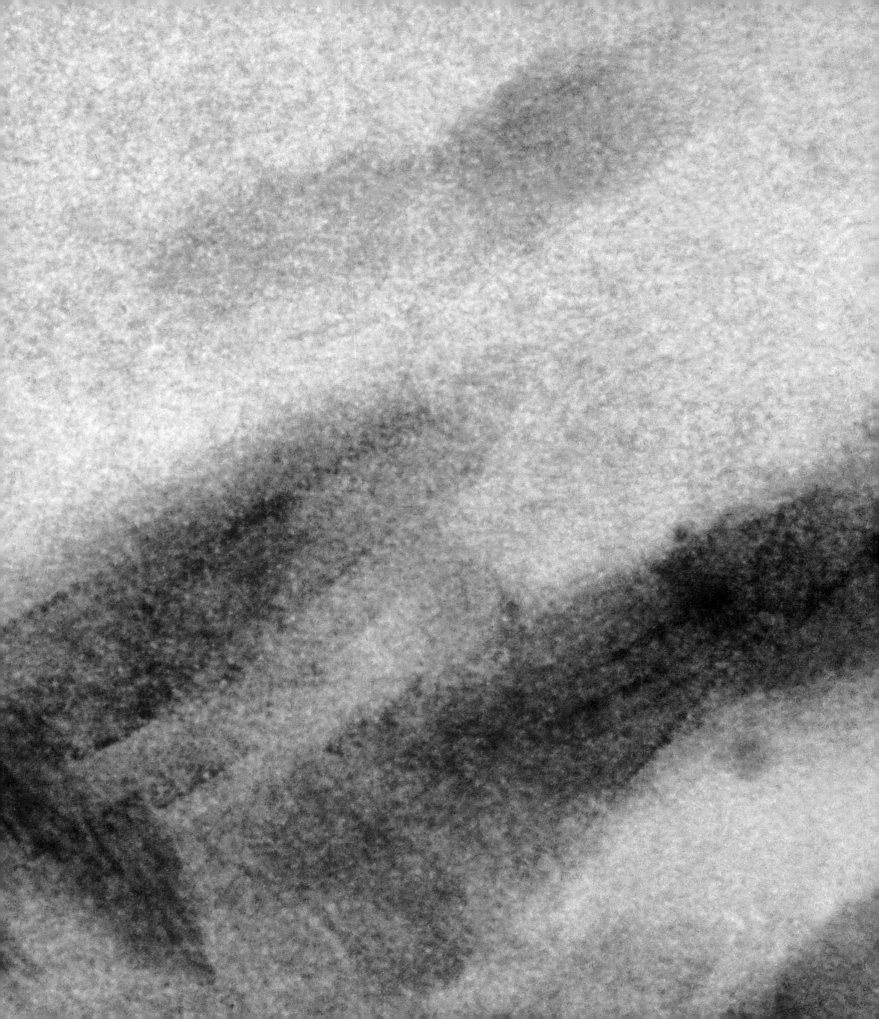

« Je suis de l'avis de Jean-Paul Sartre qui disait que l'écrivain devrait occuper tous les genres de discours. Un écrivain s'inscrit dans un temps donné, dans une société donnée. Si dans cette société-là un téléroman a plus d'impact... il n'y a pas de problème pour moi. » Ainsi s'exprimait Victor-Lévy Beaulieu dans une entrevue réalisée pour le livre-souvenir du 40e anniversaire de la Télévision de Radio-Canada.

Créer un univers qui n'appartient qu'à lui tout en étant à tout le monde est une formule qui définit assez bien le travail du romancier, et peut-être encore davantage du téléromancier. La

96 QUAND DES ÉCRIVAINS DEVIENNENT TÉLÉCRIVAINS

liste des grands écrivains québécois qui ont écrit pour la Télévision de Radio-Canada pourrait correspondre, à quelques exceptions près, au palmarès de notre littérature depuis la fin de la Deuxième Guerre. Et s'il est une dimension qui caractérise ces téléromans d'écrivains, c'est bien l'élaboration d'un univers, voire d'un langage qui s'inscrit directement dans le parcours de l'auteur, et témoigne d'un lieu ou d'une époque tout en rejoignant un vaste auditoire. Qu'on pense seulement aux Pays d'en haut de Claude-Henri Grignon ou aux Trois-Pistoles de Victor-Lévy Beaulieu évoqués plus tôt dans ce livre, à la Petite Patrie de Claude Jasmin ou au Montréal contemporain de Stéphane Bourguignon.

À bien y réfléchir, cette union de la littérature et de la télévision dans notre imaginaire collectif constitue sans doute l'une des plus significatives contributions de Radio-Canada à la culture de ce pays.

LE SURVENANT

1954-1960

AUTEURE

Germaine Guèvremont

EN VEDETTE

Le Survenant (Jean Coutu), en compagnie de Phonsine (Suzanne Langlois)

La personnalité pleine de mystère et de puissance du Survenant *trouble les habitants du Chenal-du-Moine, près de Sorel, au Québec. Celui qu'on appelle aussi « le grand dieu des routes » fascine également par son courage, son détachement à l'égard des femmes, son ton supérieur et méprisant à l'endroit des hommes et son amour du « vaste monde »...*

LA FAMILLE PLOUFFE 97

1953-1957

AUTEUR

Roger Lemelin

EN VEDETTE

1. Pit (Victor Désy), le père Gédéon
(Doris Lussier), Théophile
(Paul Guèvremont) et Joséphine
(Amanda Alarie)

2. Maman Plouffe (Amanda Alarie)

La Famille Plouffe *a littéralement
captivé des milliers de téléspectateurs
pendant toute son existence au
petit écran.*

98

DE 9 À 5

1963-1966

AUTEUR

Marcel Dubé

EN VEDETTE

1. Charles Pigeon (Jean Duceppe),
le patron qui en mène large

2. Émilien (Raymond Lévesque),
un poète égaré au bureau

*Marcel Dubé, qui a décrit la vie
des ouvriers dans plusieurs de ses
œuvres et la petite bourgeoisie dans
La Côte de sable, se penche à présent
sur le monde des employés de bureau.
Dans un article du magazine* Maclean's
*de mars 1964, le journaliste James
Bamber définit ainsi ce téléroman :
« Marcel Dubé raconte à la télé la
tragédie quotidienne du collet blanc. »*

1
2

LA PETITE PATRIE

1974-1976

AUTEUR

Claude Jasmin

EN VEDETTE

Les héros de *La Petite Patrie :* Gertrude et Marie-Paule (Gisèle Schmidt et Louise Rinfret, à l'avant-plan), Edmond (Jacques Galipeau), Murielle (Christiane Pasquier), Hervé (Jacques Thisdale), Lucie (Louise Laparé), Roland (Michel Forget) et Clément (Vincent Bilodeau)

L'auteur Claude Jasmin l'affirme tout net : La Petite Patrie est autobiographique. L'anecdote qui suit en témoigne. Après le tournage des premières séquences filmées, la mère de M. Jasmin alla trouver Gisèle Schmidt (qui jouait le rôle de la mère de l'écrivain) et lui dit : « Vous m'imitez très bien, Madame !»

SOUS LE SIGNE DU LION

1961 et 1997

AUTEURE

Françoise Loranger

EN VEDETTE

1. Jérémie Martin (Ovila Légaré), qui règne en maître sur ses affaires et sa famille

2. Jérémie Martin (Jacques Godin) en 1997

PRODUCTION

Les Productions SDA Ltée (1997)

La maison qui a servi au tournage extérieur des épisodes originaux de Sous le signe du lion *est celle de la famille Bronfman, à Montréal. À ce sujet, le réalisateur Jean-Pierre Senécal confiait, en 1963 : « [Les Bronfman] ont été d'une cordialité vraiment extraordinaire. »* Sous le signe du Lion *a connu une deuxième vie en 1997, avec une diffusion hebdomadaire mettant en scène une distribution entièrement renouvelée, sur des textes adaptés par Hélène Pedneault.*

1
2

MONTRÉAL P.Q.

1992-1995

AUTEUR

Victor-Lévy Beaulieu

EN VEDETTE

Madame curé (Juliette Huot) et l'objet de son dévouement, le chanoine Odilon Caron (Jean-Louis Millette)

Avec Montréal P.Q., Victor-Lévy Beaulieu s'attache à créer des personnages profonds et complexes, façonnés par leur milieu et leur époque, mais tiraillés par ces traits fondamentaux et universels que sont le bien et le mal, la vérité et le mensonge, l'innocence et la honte. Portrait saisissant d'une époque que les historiens ont baptisée «La Grande Noirceur». Mais la noirceur n'engendre-t-elle pas les passions ? Victor-Lévy Beaulieu en fait ici l'éclatante démonstration.

RACE DE MONDE

1978-1981

AUTEUR

Victor-Lévy Beaulieu

EN VEDETTE

Mathilde et Charles Beauchemin (Monique Aubry et Paul Hébert)

Les Beauchemin ont quitté Trois-Pistoles, dans le Bas-Saint-Laurent, pour tenter leur chance à Montréal. Peu fortunés, peu instruits, il arrivent tout juste à joindre les deux bouts. La famille Picard, au contraire, est issue d'un milieu aisé. Quand Catherine Picard et Abel Beauchemin, deux enfants de chacune des familles respectives, deviennent amoureux l'un de l'autre, de vives tensions commencent à poindre entre les deux clans de cette Race de monde.

LA VIE LA VIE

2001-2002

AUTEUR

Stéphane Bourguignon

EN VEDETTE

Des amis qu'on n'est pas près d'oublier : Vincent (Normand Daneau),
Claire (Macha Limonchik), Marie (Julie McClemens), Simon (Patrick Labbé)
et Jacques (Vincent Graton)

PRODUCTION

Cirrus Communications et Lux Films

Voici ce que Stéphane Bourguignon, auteur de La Vie la vie, *disait de son travail
d'écriture à la journaliste Nathalie Collard, en janvier 2001 : « Radio-Canada
m'a donné carte blanche. Je voulais prendre mon temps pour écrire et ils ont
respecté cette exigence. Chaque épisode a pris entre trois semaines et un
mois d'écriture. »*

On les traite parfois, un peu cavalièrement, de « shows de chaises ». C'est pourtant la télévision dans son expression la plus fondamentale. Deux personnes, des regards, des paroles, toujours révélatrices... Quand le courant passe, et il passe très souvent depuis 50 ans à la Télévision de Radio-Canada, cela donne des entretiens inoubliables. Ainsi, au cours des années 1950, les personnalités et les artistes se sont confiés à Michelle Tisseyre, notamment dans le cadre de *Rendez-vous avec Michelle*. Puis, dans les années 1960, *Le Sel de la semaine* produisit à l'époque une forte impression sur le public, ce qui permit la publication d'une série d'ouvrages transcrivant les

LA MAGIE DE L'ENTREVUE 103

échanges entre Fernand Seguin et Han Suyin, Jean Rostand, Michel Simon, François Mauriac, Gilles Vigneault et Louis Aragon. Parfois, comme dans *Propos et Confidences*, ce sont les personnalités qui se racontent directement à nous. Qu'on y songe un peu : en saurions-nous autant sur les stars du spectacle, les écrivains, les penseurs, les personnalités politiques même, s'ils ne venaient se raconter à la télévision ?

LE SEL DE LA SEMAINE
1965-1970
ANIMATEUR ET INVITÉ
Une rencontre mémorable entre Fernand Seguin et Henry Miller en 1969

Le Sel de la semaine exploite un thème ou reçoit des invités prestigieux, dans une formule alliant le sérieux et la détente, l'information et le divertissement. Considéré comme le pilier de cette émission, Fernand Seguin en a été le principal animateur.

APPELEZ-MOI LISE
1972-1976

ANIMATEURS

Jacques Fauteux et Lise Payette

104   *Ce talk-show de fin de soirée est passé à l'histoire. Artistes, politiciens et personnalités de toutes provenances étaient invités à répondre aux questions toujours intéressantes, parfois provocatrices de l'animatrice Lise Payette, une experte dans l'art de l'entrevue. Dans un style à la fois discret et redoutablement efficace, Jacques Fauteux coanimait cette émission fort populaire.*

PROPOS ET CONFIDENCES
1970-1986

INVITÉE

Thérèse Casgrain

Au cours des quelque 16 années de son existence, une cinquantaine de personnalités se sont racontées dans plus de 250 éditions de Propos et Confidences. Parmi celles-ci : Marguerite Yourcenar, Jean Marais, Antonine Maillet, Ludmilla Chiriaeff, Marcel Dubé, le cardinal Paul-Émile Léger, Thérèse Casgrain, Han Suyin, l'abbé Pierre.

CLAUDE CHARRON

2000-2001

ANIMATEUR

Claude Charron

Comédiens, chanteurs, journalistes, humoristes, sportifs... Des personnalités publiques de tous les horizons viennent tour à tour répondre aux questions de Claude Charron. Ils évoquent leurs passions, celle qui les a fait connaître du grand public, mais d'autres aussi, plus secrètes...

CHRISTIANE CHARETTE EN DIRECT

Quotidienne de 1995 à 1998 et hebdomadaire depuis 1999

ANIMATRICE

Christiane Charette

PRODUCTION

Gignac/Charette inc. et Radio-Canada (1999-2000) Charettec inc. (depuis 2000)

Christiane Charette propose une heure en compagnie de ceux et celles qui piquent la curiosité du public : les vedettes qui fascinent, les artistes qui font rêver, les intellectuels qui posent les questions essentielles.

AVIS DE RECHERCHE

1982-1986

ANIMATEURS

Gaston L'Heureux et Aline Desjardins

Dans le cadre de leur travail, les recherchistes d'Avis de recherche rapportèrent de nombreux témoignages de personnes qui affirmèrent s'être enfin retrouvées par l'entremise de l'émission. Ainsi cette femme qui, au bord des larmes, les a remerciés d'avoir pu revoir son père, dont elle avait perdu toute trace depuis près de 15 ans.

La Télévision de Radio-Canada se doit d'être au cœur de la vie culturelle. C'est l'une de ses raisons d'être. Avec la multiplication des concerts, expositions, festivals, créations et événements culturels de toutes sortes, Radio-Canada a confié à des magazines d'été ou d'hiver la difficile mission de divertir les téléspectateurs tout en les informant des multiples activités qui s'offrent à eux.

Au fil des années, cette mission a pris plus d'une forme. Aujourd'hui, par exemple, les émissions d'information (et en particulier le grand bulletin régional du début de la soirée) accordent une

106 LES MAGAZINES : BOUQUETS DE CULTURE

place quotidienne importante à la vie culturelle. Dans le passé, des émissions originales ont parfois traité de la vie culturelle d'une manière plus expressionniste. Citons pour exemple *La Vie d'artiste,* une expérience originale qui réussissait à nous entraîner dans l'essence même de la création ou de la performance.

Mais quels que soient la forme, le style ou le ton adoptés, Radio-Canada demeure toujours au diapason de la vie culturelle.

L'HEURE DE POINTE

1976-1979

ANIMATEUR

Winston McQuade

L'Heure de pointe *portait bien son nom : c'est à 17 h 30, cinq fois la semaine, qu'on pouvait regarder ce magazine au petit écran. Sur le ton de l'humour et de la détente, on y rendait compte de l'essentiel des activités artistiques montréalaises. Après Michel Desrochers, c'est Winston McQuade qui, en 1977, prit la relève comme animateur.*

LA BANDE DES SIX

1989-1993

ANIMATRICE ET COLLABORATEURS

L'animatrice Suzanne Lévesque (troisième à gauche), entourée de Nathalie Petrowski, Georges-Hébert Germain, René Homier-Roy, Dany Laferrière et Marie-France Bazzo

Une revue commentée des principaux événements de la semaine dans le monde du spectacle, du cinéma, du théâtre, des expositions, de la musique, de la littérature. Pour mener à bien cette tâche : une animatrice et cinq chroniqueurs, tous reconnus pour leur forte crédibilité en ces domaines et pour... leur franc-parler !

EXPRESSO

1999-2002

ANIMATEUR

Marc Charbonneau

Diffusée sur l'ensemble du réseau français de Radio-Canada, Expresso invite à la découverte des artistes franco-ontariens. Musique, théâtre, chanson, littérature, peinture, photographie, cinéma, créations multimédias, aucune forme d'expression artistique n'est boudée ici.

L'ENFER C'EST NOUS AUTRES

1992-1996

ANIMATRICE

Julie Snyder

Jean-Paul Sartre a dit : « L'enfer, c'est les autres. » C'était avant que ne débarque à Radio-Canada l'ineffable Julie Snyder, affirmant tout net : « L'enfer c'est nous autres ! » Un magazine artistique jeune, rythmé, original, débordant d'énergie et de fantaisie. Tout à l'image de son animatrice endiablée !

photo : André Cornellier

Le jour où la Terre

chapitre trois **50 ans d'information**

se mit à rapetisser.

109

C'était il y a quelques décennies à peine. Des hommes, propulsés dans des vaisseaux apparemment très fragiles, aperçurent pour la première fois notre planète depuis l'espace. À l'époque, on salua bien sûr les prouesses technologiques qui permettaient pareil exploit. Et puis, surtout, on s'émerveilla devant les images que rapportaient dans leurs bagages les voyageurs du cosmos. Mais l'effet qu'allaient produire ces images sur notre perception du monde et sur sa prodigieuse destinée fut pour ainsi dire éclipsé par tout ce qui entourait l'aventure des astronautes. Or les photographies captées par ces valeureux voyageurs, bien que proprement hallucinantes de beauté, n'en confirmaient pas moins une évidence. Ciel ! Vue de l'espace, que notre Terre était petite !

Naturellement, l'Histoire nous l'avait assez appris, nous savions que notre lieu de séjour terrestre comptait déjà un certain nombre de frontières passablement rapprochées les unes des autres. Les grands de ce monde en discutaient entre eux, et même parfois les petits : on en parlait dans les cuisines, chez le barbier ou à l'épicerie du coin. Mais soudain, c'était comme si, ayant enfin mis des images sur des mots, nous en avions la preuve : notre planète n'était en définitive qu'un vaste placard, nous ne pouvions plus désormais le nier.

110 Dès ce moment où nous pûmes en prendre conscience, le processus lent mais inexorable se mit en marche : la Terre se mit à rétrécir. Aussi fallut-il, aussitôt que la dernière capsule spatiale fut rentrée au garage, se faire à l'idée. Et répondre collectivement à la torturante question à laquelle nous ne pouvions plus échapper : Mais comment diable allons-nous tous tenir là-dessus ?

La solution nous vint de la télévision, et plus précisément de cet irremplaçable complice qu'est devenue l'information télévisée. Les premiers moments de panique passés, nous prîmes conscience en effet d'un phénomène troublant : les émissions d'information tendent à inverser la tendance au rapetissement de notre monde. De quelle manière ?

Certes, le petit écran nous le rappelle quotidiennement : il est bien fini le temps où la planète était encore un vaste espace aux recoins inexplorés. De nos jours, notre univers est soigneusement passé sous la loupe ou les projecteurs des caméras, et plus rien de ce qui s'y trame n'échappe à notre connaissance. Chaque jour, l'essentiel de la bonne ou de la mauvaise marche du monde nous parvient, et nous savons tout des différents modes de vie de nos semblables — habitudes, découvertes, réflexions, croyances ou agissements —, que ces personnes habitent la rue d'à côté ou aux antipodes. Tout cela pourrait nous laisser croire que le rétrécissement aussi redouté que redoutable est au contraire accentué par cette sorte d'ubiquité et de ferveur affairée dont font preuve les journalistes qui nous informent d'heure en heure. Et en effet, le monde,

qui étend désormais ses terres jusque dans nos salons, ne nous envahit-il pas chaque jour davantage ? Il **113** serait triste de le croire. Nous ne connaissons jamais assez bien nos semblables et, en un sens, nous ne sommes jamais assez près d'eux. Alors ? Envahis, vraiment ? Disons plutôt : atteints.

C'est que l'information nous donne à considérer les choses sous un angle différent. Le monde n'est pas plat. Il offre à notre regard diverses facettes, qu'il nous appartient d'examiner selon l'information qui nous en est donnée. Libre à nous de ne voir que l'exiguïté de notre territoire sur les images des cosmonautes. Mais on peut assurément y apercevoir autre chose : un monde certes troublé, mais un monde en mouvement, toujours en marche vers son avenir, toujours occupé à faire évoluer son destin. C'est en cela que l'information vient contrecarrer le sentiment d'étouffement que nous éprouvons parfois devant notre univers et ses limites. Car le fait d'être informé nous permet d'élargir notre perspective. Curieux phénomène que celui-là : plus nous en apprenons sur les événements et les gens, sur les faits et gestes de la grouillante humanité dont nous sommes, plus notre horizon s'éclaircit...

L'information va plus loin puisqu'elle rend compte aussi des conflits et des ralliements, des tensions et des réjouissances, des misères et des grandeurs, des joies et des pleurs de l'humanité. Sans doute contribue-t-elle à mieux traduire la réalité d'un monde sans cesse plus complexe et, certes, dans notre perception, plus petit que jamais.

114 LE RÉSEAU DE L'INFORMATION : QUAND LE MONDE RETIENT SON SOUFFLE

Depuis le 1er janvier 1995, le Réseau de l'information (RDI) est en ondes 7 jours sur 7, 24 heures sur 24, en direct sur la vie et au diapason des événements significatifs qui se produisent ici et ailleurs. Environ 1 million de téléspectateurs vont s'informer quotidiennement sur RDI, qui rejoint 2,7 millions de personnes chaque semaine. Une année de RDI, c'est plus de 4 000 reportages originaux en provenance des régions du Canada, plus de 300 documentaires originaux et plus de 600 émissions spéciales qui permettent au public de suivre les événements d'importance dans leur déroulement même et d'être présents aux rendez-vous significatifs de notre vie démocratique.

Les émissions spéciales de RDI, on le comprend sans peine, sont à l'origine de tous les records d'écoute de son histoire. C'est ainsi que la semaine du 15 au 21 juillet 1996, marquée par l'ouverture des Jeux olympiques d'Atlanta, la catastrophe du vol 800 de la TWA et les inondations au Saguenay, a fait grimper l'auditoire de RDI à 5,6 % des téléspectateurs francophones. Dans la seule journée du 21 juillet 1996, point culminant des inondations, RDI était regardé par 15,1 % des francophones. La semaine du 16 au 22 avril 2001, lors du Sommet des Amériques, 5,4 % de ce même auditoire était branché sur RDI. Dans la semaine des attentats du 11 septembre (10 au 16 septembre 2001), RDI a réalisé une couverture exceptionnelle des événements et obtenu la plus grande part du marché francophone jamais mesurée pour une chaîne spécialisée, soit 9,9 %. Ces exemples se rééditent chaque fois qu'un événement d'importance vient mobiliser l'intérêt de la population. C'est ce qu'on appelle « le réflexe RDI ».

ÉVÉNEMENTS

1. Les inondations au Saguenay – Lac-Saint-Jean. Le centre-ville de Chicoutimi dévasté par la crue des eaux.

2. La crise du verglas. Les arbres sont durement touchés.

3. La crise du verglas. Les pylônes s'effondrent sous le poids de la glace : 1,4 million d'abonnés d'Hydro-Québec sont privés d'électricité.

4. Le Sommet des Amériques. Une rencontre historique à plus d'un titre.

5. 11 septembre 2001.

116 LE RÉSEAU DE L'INFORMATION : TOUT UN PAYS EN DIRECT

La programmation régulière du Réseau de l'information est d'abord et avant tout consacrée aux émissions de nouvelles, qui représentent 60 % du temps d'antenne (et encore davantage du lundi au vendredi). Plusieurs grands rendez-vous quotidiens témoignent des derniers développements survenus au pays et à l'étranger. De plus, les téléspectateurs de RDI peuvent, au cœur de la journée, faire un tour du Canada en direct et se familiariser avec les dossiers qui préoccupent les Canadiens d'un océan à l'autre.

Par ailleurs, des émissions axées sur l'entrevue en profondeur comme *Maisonneuve en direct* et *Entrée des artistes* contribuent à l'image de marque de RDI par une multitude d'entretiens mémorables qui nous permettent de mieux connaître un grand nombre de personnalités du monde politique ou culturel.

RDI est aussi le seul réseau d'information qui s'intéresse aux jeunes, avec des rendez-vous hebdomadaires, comme *Le Bulletin des jeunes,* ou quotidiens, comme *RDI Junior.*

Quotidiennement, des émissions produites à Winnipeg, à Ottawa, à Québec et à Moncton nous permettent de prendre connaissance des dossiers qui mobilisent l'attention des citoyens dans les grandes régions du pays et de découvrir leurs préoccupations spécifiques en ce qui concerne les questions d'intérêt national.

ANIMATEURS

1. Pierre Maisonneuve, animateur de *Maisonneuve à l'écoute*

2. Marie-Claude Lavallée, animatrice d'*Entrée des artistes*

3. François-Étienne Paré, animateur de *RDI Junior*

4. Pascale Nadeau, animatrice du *Journal RDI*

ANIMATEURS

1. *L'Atlantique en direct*. L'animateur Daniel Poirier en plein travail.

2. *Le Québec en direct*. Le 11 septembre 2001, une date qui appartient désormais à l'histoire.
L'animateur Michel Jean a témoigné des lendemains du drame en direct de New York.

3. *L'Ontario en direct*. L'animateur Daniel Bouchard, à droite, interviewe Luc Plamondon, auteur de la chanson
des Jeux de la francophonie 2001.

4. *L'Ouest en direct*. Couverture de l'inondation du siècle au Manitoba en 1997. Aux abords de la rivière Rouge :
Pierre Chevrier, réalisateur à RDI, Marc-André Masson, animateur de *L'Ouest en direct* et Violaine Gagnon,
journaliste à CKSB/radio.

Le Téléjournal quotidien est créé dès 1954. Au fil des décennies, on en peaufinera sans cesse la formule. Après des années de présentation en toute fin de soirée, c'est en 1983 que l'émission se fixe à demeure à 22 h. En 1997-1998, *Le Téléjournal* est fusionné au *Point* pour devenir *Le Téléjournal/Le Point.* Depuis la saison 2001-2002, *Le Téléjournal* est diffusé à partir du Centre de l'information, un tout nouveau complexe ultramoderne construit sur le site de la Maison de Radio-Canada à Montréal.

Le Téléjournal de Radio-Canada décrit l'histoire qui s'écrit au quotidien. Personne ne peut en

118 AU JOUR LE JOUR, DES NOUVELLES DU VOISIN ET DE LA PLANÈTE

témoigner plus directement que Bernard Derome, ce qu'il a fait lors d'un déjeuner-causerie de la Chambre de commerce de Montréal, en 1999.

« Pendant près de 30 ans, j'ai eu le privilège de pouvoir entrer dans vos foyers pour vous dire en 24 minutes ce qui s'est passé d'important, de signifiant… dans le monde, au pays, dans votre région, dans votre ville… Malgré cette présence de tous les jours, je suis convaincu que ce dont vous vous rappelez le plus, ce sont des événements plus spectaculaires, plus dramatiques que j'ai pu partager avec vous : les élections, les référendums (des histoires de « si la tendance se maintient »)… des drames… des événements heureux aussi… En fait, j'ai envie de vous dire que mon passage au *Téléjournal* a commencé avec la Crise d'octobre et que je l'ai quitté plus ou moins avec la crise du verglas.

« Je me rappelle encore mes premiers jours au *Téléjournal* : J'ai 26 ans. C'est pendant la Crise d'octobre… un dimanche soir… on attend la réponse du gouvernement Bourassa à l'ultimatum du FLQ qui détient le diplomate James Cross et le ministre Pierre Laporte… On n'a jamais vu une affaire pareille… Les ministres sont enfermés, reclus au *Reine-Élisabeth*… comme dans un bunker.

« Donc, M. Bourassa fait une déclaration capitale par l'entremise de la radio, pas de caméra. Sa voix est retransmise à la télévision… Sitôt terminé, à chaud, je viens démêler les choses pour les téléspectateurs… Ce que je conclus : " Non, le gouvernement ne veut pas négocier avec le FLQ. " En tout cas pas aux termes des conditions fixées par les deux cellules… Michel Roy, du *Devoir,* avec Wilfrid Lemoine dans un autre studio, s'empresse de dire : " Derome est peut-être allé un peu vite en affaire… Je crois, moi, qu'il y a place pour la négociation… " D'ailleurs, plusieurs comprenaient qu'il y avait une ouverture là-dedans… y compris les ravisseurs… si on s'en remet au film *Octobre* de Pierre Falardeau.

« Il reste qu'avec le temps, les événements m'ont donné raison... Et M. Bourassa, au moment de publier son dernier livre, *Gouverner le Québec,* un an avant sa mort, a voulu vérifier les faits auprès de moi... Certains parmi vous ont peut-être eu l'occasion de faire affaire avec M. Bourassa... Il faut se rappeler que celui-ci avait un penchant pour les déclarations nuancées et ambiguës à la fois... Ce que M. Bourassa m'a expliqué : " Radio-Canada français disait non... CBC disait oui... J'avais ma marge de manœuvre... Il n'était pas question de libérer des prisonniers politiques mais il ne fallait pas être provocateur pour autant. " Ce sont les mots de M. Bourassa. »

LE TÉLÉJOURNAL
depuis 1954

ANIMATEURS

1. *Le Téléjournal du week-end.* Michèle Viroly, animatrice de 1992 à 2001

2. *Le Téléjournal.* Celui qui a tenu la barre du *Téléjournal* pendant plus de 25 ans, Bernard Derome

3. *Le Téléjournal.* Jean-Paul Nolet, l'un des principaux animateurs dans les années 1960

4. *Le Téléjournal/Le Point.* L'animateur Stéphan Bureau

5. *Le Téléjournal du week-end.* Michaëlle Jean, animatrice depuis l'automne 2001

120 LES CORRESPONDANTS DE RADIO-CANADA, TÉMOINS DIRECTS D'UN MONDE EN PLEINE ÉBULLITION

L'un des facteurs qui confèrent son caractère unique au *Téléjournal* et aux autres rendez-vous quotidiens de l'information de Radio-Canada, c'est l'apport des correspondants étrangers qui témoignent directement des événements de la scène internationale avec des références et une sensibilité qui sont les nôtres, ni françaises, ni américaines.

Un bon exemple est survenu en 1968, lors de l'assassinat du sénateur Robert F. Kennedy, dont la correspondante Judith Jasmin a rendu compte dans un reportage émouvant et mémorable. Témoignage à tel point percutant qu'à la demande de très nombreux téléspectateurs, la revue *Ici Radio-Canada* en a publié le texte intégral quelques semaines plus tard. Nous reproduisons quelques extraits de ce texte qui résonne encore avec une actualité étonnante :

« L'Amérique malade ? Oui, mais pas plus que le reste du monde. Ne soyons pas pharisiens au point de penser que l'Amérique seule porte le poids de la violence dont les hommes ont usé et abusé tout au long de leur histoire. Mais l'Amérique a peut-être cru trop naïvement dans sa pureté. Elle s'est crue un monde à part, que ses institutions, ses qualités, sa richesse plaçaient au-dessus des autres. Ce que nous ont appris ces morts tragiques, qui viennent d'ensanglanter la vie publique américaine, c'est que ce pays est comme les autres : vulnérable et faillible.

« Le soir même où meurt le jeune sénateur de New York des suites d'un attentat, deux mois après l'assassinat de Martin Luther King, les Américains font un examen de conscience : philosophes, psychiatres, sociologues, commissaires-enquêteurs, tous s'y emploient. Le doute est entré dans les cœurs et, avec lui, une plus grande humilité. Un pays comme les autres, qui n'a pas de leçon à donner, mais qui peut en recevoir ; un pays qui souffre autant que les autres, chez qui les puissants tombent aussi facilement qu'au Congo ou en République Dominicaine. Et voilà qui ramène l'Américain à sa vraie dimension, celle d'un homme, tout simplement. Fini le *superman*. »

LE TÉLÉJOURNAL
depuis 1954

CORRESPONDANTS

1. Paule Robitaille en compagnie de Fidel Castro (au centre) et
du réalisateur Thomas Eckert après l'entrevue exclusive que
le président cubain lui accordait en octobre 2000 à La Havane

2. Judith Jasmin, à l'époque où elle était correspondante à Washington

3. Bernard Drainville sur sa monture lors d'un reportage
sur les gauchos de la pampa argentine

4. Le président Vladimir Poutine accordait une entrevue au journaliste
Michel Cormier (à gauche) en décembre 2000 dans ses bureaux du Kremlin

5. Jean-Michel Leprince, correspondant à Mexico en 1995, dans la jungle
de Lacandos au Chiapas en entrevue avec le sous-commandant Marcos

LE TÉLÉJOURNAL

depuis 1954

CORRESPONDANTS

1. Céline Galipeau sur la place Rouge à Moscou en 1997

2. Raymond St-Pierre dans un camp de réfugiés en Afghanistan en 1994

3. Christine St-Pierre devant la Maison-Blanche à Washington en 2001

4. Guy Gendron, correspondant à Paris, lors d'un reportage à Jérusalem en 2002

LE TÉLÉJOURNAL

depuis 1954

CORRESPONDANTS

1. Julie Miville-Dechêne près du Murrah Federal Building d'Oklahoma City, cible d'un attentat qui a fait 168 victimes en 1995

2. Jean-François Lépine en France en 1987

3. Azeb Wolde-Giorghis à Abidjan, en Côte-d'Ivoire, pendant le soulèvement populaire contre le général Guei en 2000

4. Jean-François Bélanger et le caméraman Sergio Santos au milieu de combats entre militaires israéliens et manifestants palestiniens à Bethléem en 1997

124 APPROFONDIR L'ACTUALITÉ AU QUOTIDIEN

Approfondir les dossiers les plus chauds, en exposer les tenants et les aboutissants à travers des reportages ou des entrevues, mais aussi traiter d'une foule de sujets qui méritent l'attention même s'ils ne sont pas à la une, tel a toujours été le mandat des magazines quotidiens d'actualité de Radio-Canada.

Depuis 50 ans, la télévision publique a incontestablement pavé la voie en ce sens, et permis l'émergence de quelques-uns des plus fameux journalistes d'ici.

AUJOURD'HUI

1963-1969

ANIMATEURS

Michelle Tisseyre et Wilfrid Lemoine

En juin 1964, on invita à Aujourd'hui un hypnotiseur professionnel qui fit sensation en plongeant l'animatrice Michelle Tisseyre dans un surprenant état de léthargie. Une fois celle-ci bien endormie, ses muscles tendus dans une rigidité presque cadavérique, on vit les journalistes appelés comme témoins placer l'animatrice en équilibre sur deux chaises, telle une planche. Quelqu'un grimpa ensuite debout sur son corps, qui fléchit à peine. Un moment de télévision d'une incroyable intensité... Cela dit, Aujourd'hui proposait aussi de l'information d'une nature plus classique. C'est dans le cadre de cette émission que le jeune Bernard Derome présenta le premier grand reportage de sa carrière, portant sur le bilan d'Hydro-Québec après cinq ans d'existence.

CE SOIR
1975-1986
ANIMATEUR

Gérard-Marie Boivin, animateur de 1978 à 1981

C'est en 1975 qu'est née la tradition d'un rendez-vous de 60 minutes à 18 h, réunissant des nouvelles et des actualités. À compter de la saison 1978-1979, l'émission réunit un volet national et un volet régional. Depuis lors, Ce soir se décline d'un bout à l'autre du pays et est devenu synonyme du principal bulletin d'information régionale de la journée.

LE POINT
depuis 1981
ANIMATEURS

Pierre Nadeau, Madeleine Poulin et Simon Durivage

Le grand magazine d'information quotidien de Radio-Canada. Dès ses débuts, Le Point se donne pour mission d'expliquer les événements et situations qui, dans l'actualité, définissent le monde moderne. Denise Bombardier, Simon Durivage, Pierre Nadeau et Madeleine Poulin figurent parmi les grandes figures journalistiques qui ont animé cette émission.

125

FORMAT 30
1969-1972
JOURNALISTES

Paul-Émile Tremblay et Louis Martin, quelques instants avant le début de l'émission

Format 30 est un magazine d'information traitant de presque tous les aspects de l'activité humaine. On y présente des entrevues et des reportages réalisés non seulement au pays, mais aussi à l'étranger par les divers correspondants de Radio-Canada à Paris, à Londres, à Washington et à New York.

126 MAGAZINES HEBDOMADAIRES : ÉVOCATION DE QUELQUES INCONTOURNABLES

« Si, par exemple, nous faisons découvrir au public qu'il y a des enfants battus au Japon et d'autres qui meurent de faim sur les trottoirs d'Éthiopie, et que nous le leur montrons avec des images pour le prouver, avons-nous sombré dans le sensationnalisme ? Faudrait-il se contenter d'inviter des spécialistes en studio pour qu'ils nous parlent des dernières statistiques sur ces sujets ? » C'est ainsi que Pierre Nadeau défendait l'approche de l'émission *Télémag* dans une entrevue accordée au magazine *TV Hebdo,* le 31 mars 1979. Ses réflexions pourraient sans peine s'étendre à la plupart des magazines hebdomadaires de Radio-Canada et à leur tradition reconnue de grands reportages.

PAYS ET MERVEILLES

1952-1961

ANIMATEUR

André Laurendeau (à droite) reçoit l'écrivain Henri Queffélec

À ses débuts, Pays et Merveilles s'intéresse essentiellement aux aspects géographique, historique et humain des pays visités. À partir de 1955, la formule change. Le point de vue strictement géographique est délaissé au profit d'une conception plus large du mot « pays ». On entre dès lors, en fait, dans des univers formant en eux-mêmes un monde : le cinéma, la mode, le rêve, etc. L'un des grands noms de l'histoire du journalisme au Québec, André Laurendeau, anime l'émission.

PREMIER PLAN
1959-1963
ANIMATRICE

Judith Jasmin, en compagnie du Frère Untel (Jean-Paul Desbiens) et du réalisateur Marcel Blouin en Suisse

Des entrevues, des reportages, des enquêtes sur les grands enjeux de notre temps. En mai 1961, Lucien Tremblay, député de Maisonneuve, fustigeait les gens de Premier Plan pour avoir diffusé un reportage à son avis un peu trop sympathique à la cause de Fidel Castro. « Ce qui me révolte, dira-t-il, c'est de voir ces apprentis Castro aux longues barbes, aux idées aussi dévergondées que leur tenue, faire la leçon à l'Église catholique. »

CAMÉRA...
1961-1969
JOURNALISTE

Roméo Leblanc à l'époque où il était correspondant de Radio-Canada

De Caméra 61 à Caméra 69, ce magazine hebdomadaire d'une demi-heure permet aux correspondants étrangers de Radio-Canada de nous faire partager leur regard privilégié sur les grands événements de la scène internationale.

POINT DE MIRE
1956-1959
ANIMATEUR
René Lévesque

*« Depuis 1956, on a beaucoup décrit
René Lévesque : une voix blessée,
un regard bleu qui scrute votre pensée,
un geste vif qui scande un flot d'idées,
des cheveux épars, une cigarette,
20 cigarettes… Mais le téléspectateur
s'étonne toujours ! Comment ce diable
d'homme arrive-t-il à fournir autant
d'information en 30 minutes ?
À rendre claire et compréhensible
une actualité touffue, souvent
inextricable ? Quel est le secret de
sa réussite ? Le travail ? Mais encore ?
Une façon bien précise de cerner
l'actualité. »*

Fernand Benoît, journaliste,
La Semaine à Radio-Canada,
23 au 29 mai 1959

FORMAT 60/LE 60

1969-1977

ANIMATEURS

1. Michel Pelland

2. Pierre Nadeau

Le temps imparti à Format 60 (60 minutes) permettait un rythme différent de celui qui avait cours à Format 30. Les enquêtes, reportages et entrevues qui y étaient présentés étaient plus fouillés et beaucoup moins à la remorque du quotidien. Les journalistes Michel Pelland, Pierre Nadeau et André Payette se sont succédé à l'animation de ce magazine qui connut huit ans de belle popularité. En 1972, Format 60 fut rebaptisée Le 60.

TÉLÉMAG

1977-1981

ANIMATEUR

Pierre Olivier (1979-1981)

En 1977, l'animateur de Télémag, Pierre Nadeau, voyage beaucoup dans l'exercice de son métier. Voici le récit qu'il fait de quelques-uns de ses récents voyages : « Le 1er mai dernier, j'étais à Madrid, pris dans les manifestations illégales. J'ai reçu sept coups de matraque et, pendant trois ou quatre jours, j'ai éprouvé beaucoup de difficultés à dormir. Au Liban, je me suis fait tirer dessus, ainsi qu'au Viêt-nam. »

5 SUR 5

depuis 2001

ANIMATEUR ET INVITÉES

Qu'est-ce que le Tribunal pénal international ? La juge Louise Arbour de la Cour suprême répond à la question d'Émilie Proulx, étudiante en sciences politiques, accompagnée de l'animateur Bernard Derome.

C'est à Bernard Derome qu'on a confié l'animation de ce magazine d'affaires publiques dont l'objectif est d'exposer les enjeux, d'expliquer clairement les tenants et aboutissants des principaux sujets de l'actualité. À partir de reportages et d'entrevues, chacun des sujets (suggérés par les téléspectateurs) reçoit un traitement approprié à la nature des questions qu'il soulève.

ZONE LIBRE

depuis 1998

ANIMATEUR

Jean-François Lépine

En incorporant Zone libre à sa programmation, Radio-Canada renoue avec la tradition des grands reportages. Un magazine hebdomadaire prestigieux, consacré aux événements significatifs et aux dossiers importants de l'actualité nationale et internationale.

ENJEUX

depuis 1990

ANIMATEUR

Alain Gravel (depuis 1997)

Après une dizaine d'années comme correspondant en Chine, à Paris et au Moyen-Orient, Jean-François Lépine revient au pays pour animer Enjeux. Chaque semaine, lui et son équipe concentrent leur attention sur un thème d'intérêt social. À partir de 1992, Jean-François Lépine sera relayé à l'animation d'Enjeux par de nombreux autres journalistes de renom : Pierre Maisonneuve, Pierre Nadeau, Simon Durivage et Alain Gravel.

Le succès des émissions d'information scientifique de Radio-Canada constitue l'une de ses grandes sources de fierté. L'auditoire du magazine *Découverte* demeure l'un des plus importants *per capita,* à l'échelle mondiale, pour ce genre d'émission. Ce magazine est le digne successeur d'une longue lignée qui remonte à la toute première émission conçue et animée par Fernand Seguin, *La Science en pantoufles.*

L'impulsion donnée par Fernand Seguin à la programmation scientifique de Radio-Canada a été déterminante et reconnue partout dans le monde. C'est pourquoi il a reçu le prix Kalinga de

132 ## LA SCIENCE VUE DE VOTRE FAUTEUIL

l'UNESCO, se joignant à des lauréats aussi célèbres que Julian Huxley, Margaret Mead, Jean Rostand, Bertrand Russell et Konrad Lorenz.

Dans *Le Courrier de l'UNESCO* de janvier 1979, on pouvait lire :

« Fernand Seguin, scientifique canadien et personnalité du monde de la radio et de la télévision, a reçu le prix Kalinga 1977 et la médaille d'argent de l'UNESCO pour le travail de vulgarisation scientifique effectué dans le cadre de ses nombreux programmes de radio et de télévision. Lors de la remise du prix à Paris, le directeur général, M. M'Bow, a déclaré que M. Seguin était le premier lauréat du prix Kalinga à démontrer que la télévision est l'instrument le plus efficace de notre temps en vulgarisation scientifique.

« M. Seguin, a déclaré le directeur général, est un véritable scientifique, un enseignant et un chercheur en biochimie et en pharmacologie, qui a commencé à travailler à Radio-Canada en 1954 et a réalisé depuis des centaines de programmes axés sur des thèmes scientifiques. À une époque caractérisée par le progrès rapide des connaissances, la vulgarisation scientifique est essentielle pour le grand public. Elle peut lui permettre de mieux comprendre et de jouer son rôle dans l'élaboration des politiques scientifiques. »

LA FLÈCHE DU TEMPS

1971-1975

ANIMATEUR

Paul-Émile Tremblay

Premier magazine d'actualité scientifique diffusé à Radio-Canada, La Flèche du temps *inaugure une tradition qui se poursuit toujours avec autant de succès, 30 ans plus tard.*

SCIENCE-RÉALITÉ
1975-1988
ANIMATEUR
Donald Dodier

Joël Le Bigot, qui se fera surtout connaître à la radio de Radio-Canada, anime la première mouture de ce magazine qui se préoccupe de vulgarisation scientifique. On y explique dans un langage simple les répercussions de la science dans notre vie courante. Les animateurs Donald Dodier (1977-1984), Gilles-Philippe Delorme (1984-1987) et Robert Desbiens (1987-1988) suivront Le Bigot.

LA SCIENCE EN PANTOUFLES
1954-1955
ANIMATEURS
Fernand Seguin en compagnie de Marc Favreau

La Science en pantoufles est la première émission scientifique de la télévision. Fernand Seguin y joue le rôle d'un chercheur qui passe ses soirées dans sa cave aménagée en laboratoire. Marc Favreau y incarne son voisin. Chaque semaine, il se rend chez son ami et participe à ses expériences, jouant le rôle d'intermédiaire entre le savant et les téléspectateurs.

Au printemps de 1955, la qualité de la série est reconnue internationalement alors que des films de La Science en pantoufles sont montrés à Paris et que l'UNESCO décide de présenter certains d'entre eux en tournée dans le monde.

DÉCOUVERTE
depuis 1988
ANIMATEUR
Charles Tisseyre entouré de jeunes Inuits à l'occasion d'une émission spéciale de *Découverte* sur la création du Nunavut

Charles Tisseyre, animateur de Découverte depuis 1993, était taillé sur mesure pour ce travail. Sans même le savoir, il s'y préparait un peu. Voici ce qu'il dit de ses jeunes années : « Dans ma jeunesse, j'étais très curieux, la physique me captivait naturellement. La course à la Lune des Américains et des Soviétiques me passionnait. L'espace a été ma porte d'entrée dans la science. »

134 CONSOMMATEURS, À VOS POSTES (DE TÉLÉVISION) !

« Combien coûte votre automobile ? Bien des gens à qui nous avons posé cette question nous ont répondu : " Moi, mon char ne me coûte rien. Je ne mets que la gazoline et je fais changer l'huile à tous les mille milles. " Un gérant d'entreprise, quand un de ses employés lui demande s'il a les moyens de s'acheter une automobile, lui répond : " Peux-tu disposer de 25 $ par semaine pour les placer sur ton auto avant de t'occuper de ta famille ? " »

Extraits d'un communiqué promotionnel pour l'émission
Joindre les deux bouts du 30 décembre 1959.

Vivre selon ses moyens. En avoir pour son argent. Faire les bons choix lors d'achats importants. Ces questions changent de couleur au fil des ans et la philosophie des réponses évolue. Cependant, elles demeurent fondamentales pour la plupart des gens, ce qui explique la popularité considérable des magazines de consommation proposés par Radio-Canada.

CONSOMMATEURS AVERTIS

1970-1978

ANIMATEUR

Simon Durivage

L'économie dans ce qu'elle a de plus concret et de plus quotidien. En 1974, Consommateurs avertis abandonnait la formule documentaire pour devenir un magazine plus éclectique et plus « agressif ». On se mettait ainsi au service du consommateur en dénonçant les abus, la qualité parfois douteuse de certains produits et services offerts sur le marché.

REPÈRES

1981-1983

ANIMATEURS

Aline Desjardins et Gérard-Marie Boivin

Repères *traite de consommation, d'environnement et de qualité de vie en général. Gérard-Marie Boivin, qui était d'abord seul comme animateur de* Repères, *fut plus tard secondé dans sa tâche par Aline Desjardins.*

LA FACTURE

depuis 1995

ANIMATEUR

Gilles Gougeon

Combien ont coûté, en 2001, les décorations de Noël dans la seule ville de Montréal ? Réponse : 196 000 $! C'est ce que La Facture *a appris, après enquête. Allez, une autre : combien d'éditions originales de* La Facture *ont été diffusées en date du 8 janvier 2002 ? Réponse : 209 !*

Il est essentiel en démocratie que les acteurs de l'actualité politique, sociale, économique ou même culturelle répondent de leurs choix et de leurs positions en face d'un journaliste bien informé. Depuis une vingtaine d'années, l'essentiel de ce mandat échoit aux grands rendez-vous quotidiens, notamment *Le Point* et *Le Téléjournal/Le Point*. Auparavant, ces entrevues d'actualité en profondeur, parfois musclées, constituaient le menu principal d'émissions hebdomadaires.

136 RENCONTRES DE TOUS LES TYPES : ENTREVUES ET DÉBATS

LE FOND DE VOTRE PENSÉE

1955

ANIMATEUR

Gérard Pelletier interviewant un prêtre jésuite

Dans les années 1950, le journaliste bien connu Gérard Pelletier anime plusieurs émissions d'actualité à la Télévision de Radio-Canada, dont Les Idées en marche *et, en 1955,* Le Fond de votre pensée, *dans laquelle il interroge une personnalité sur une déclaration récente.*

POLITIQUE ATOUT

1971-1975

ANIMATEUR

André Payette, à droite, reçoit le ministre des Communications du Québec, Jean-Paul L'Allier.

Deux formules ont présidé à cette émission, dont le mandat était d'interviewer des personnalités politiques engagées dans les dossiers les plus chauds. En 1971-1972 et en 1974-1975, les animateurs étaient accompagnés d'un ou deux journalistes de la presse écrite pour poser des questions à l'invité. En 1972-1973 et 1973-1974, l'émission se présente comme un face à face entre l'animateur André Payette et son invité.

IMPACTS
1983-1988

ANIMATEUR
Robert-Guy Scully

Une réflexion sur l'actualité. Une analyse des faits et des événements annonciateurs de changements, et ce, dans toutes les sphères de l'activité humaine. C'est à Impacts *que le journaliste Robert-Guy Scully fit ses premières armes en animation télévisée.*

OPINIONS
1956-1962

ANIMATRICE
Jeanne Sauvé s'entretient avec le Dr Denis Lazure.

Faire connaître le point de vue des jeunes sur les grands débats politiques, économiques et sociaux ayant cours dans la société canadienne, tel était le mandat de l'émission Opinions, *animée par Jeanne Sauvé.*

NOIR SUR BLANC
1979-1983

ANIMATRICE
Denise Bombardier reçoit le chanteur Serge Lama.

L'émission Noir sur blanc *était animée par Denise Bombardier. C'était la première fois, depuis Michelle Tisseyre à l'émission* Aujourd'hui, *qu'une femme animait une émission d'information. Et c'était surtout la première fois qu'une femme assumait seule la tâche de faire, en direct, une émission de ce genre.*

« L'histoire est au cœur de la culture des peuples. C'est par elle qu'ils définissent ce qu'ils sont, qu'ils identifient leurs valeurs, qu'ils orientent leur avenir. Quand on aborde des terres inconnues comme l'avenir, on doit pouvoir identifier l'essentiel qu'on veut garder avec soi. Pour cela il faut sans cesse éplucher notre passé, déterminer ce qui est bon et ce qui est mauvais, et retenir ce qu'on a appris. Si l'on remplace ce débat continu par un mythe ou une idéologie, on s'expose à devenir une autre Irlande du Nord, une autre Bosnie, un nouvel Iran des ayatollahs. » Cette phrase est tirée d'un long article où Mark Starowicz, producteur exécutif de la grande série

138 DE PIERRE TRUDEAU À SAM STEINBERG : DES DOCUMENTAIRES À GRANDS DÉPLOIEMENTS

Le Canada : une histoire populaire, souligne le rôle fondamental de la connaissance de l'histoire pour comprendre le présent et construire l'avenir. La télévision devient ainsi l'outil moderne par excellence pour aborder l'histoire, ses conséquences et ses contradictions, ainsi que la vie de ceux et celles qui ont influencé son cours.

LE DÉFI MONDIAL

1986

ANIMATEUR

Peter Ustinov (à droite) en compagnie du réalisateur et producteur, Daniel Bertolino

PRODUCTION

Via le monde

Du 5 au 10 janvier 1986, le comédien Peter Ustinov fut l'hôte de cette série inspirée de l'ouvrage de Jean-Jacques Servan-Schreiber intitulé justement Le Défi mondial. *En six émissions diffusées en rafale,* Le Défi mondial *nous plongeait au cœur des grands enjeux qui caractérisent le monde moderne : la course aux armements, le chômage, la faim dans le monde, la scission entre le Nord et le Sud, etc. Mais au-delà d'une simple énumération des divers troubles qui secouent la planète,* Le Défi mondial *proposait des solutions, entre autres par l'utilisation des nouvelles connaissances et des nouvelles technologies mises au profit de tous.*

LA FAMILLE

2002

PRODUCTION

Les Productions Sovimage inc.

Une série documentaire sur les origines d'un des réseaux de drogue et de blanchiment d'argent les plus puissants au monde. Juges, policiers, enquêteurs et journalistes sont au nombre de la trentaine d'intervenants qui relatent la difficile lutte menée contre la famille Cuntrera-Caruana.

FEMMES : UNE HISTOIRE INÉDITE

1996-1997

Une jeune Africaine et son enfant

PRODUCTION

Les Productions Point de mire inc.

Un regard neuf et fascinant sur l'évolution des femmes et leur longue marche vers l'égalité des droits. Cette série, imaginée par Lise Payette, animée par la comédienne Marie Tifo et écrite par Rina Fraticelli (avec la collaboration de Léa Pool, Anne Henderson et Tom Puchniak), est le fruit d'une recherche considérable. Elle comporte notamment des séquences et des témoignages recueillis dans plus de 20 pays répartis sur cinq continents.

140

PIERRE ELLIOTT TRUDEAU, MÉMOIRES

1994

Une biographie à
la première personne

PRODUCTION

Productions de la Fête inc.
en collaboration avec
CBC/Radio-Canada

*Interviewé par le journaliste
Jean-François Lépine,
l'ex-premier ministre canadien
guide personnellement le
téléspectateur dans le cours de
ces années tumultueuses où la
nature et l'existence même du
Canada ont été souvent remises
en question, et où la crise du pétrole
et la fin de la guerre froide ont
profondément transformé l'ordre
mondial.*

LE CANADA : UNE HISTOIRE POPULAIRE

2000-2002

1. Au début du monde… (1er épisode)

2. La Bataille de l'Amérique (4e épisode)

3. La Route de l'ouest (6e épisode)

4. Rébellions et réforme (7e épisode)

5. À l'assaut du continent (3e épisode)

De l'histoire considérée comme un grand reportage d'information.
Mark Starowicz, producteur exécutif de la série, en a ainsi résumé l'approche :
« Nous considérons la série comme un reflet de l'histoire en action.
On recrée les événements puis on les filme, exactement comme on le ferait
aux nouvelles. Cela crée parfois un certain désordre, tout en conférant un
réalisme saisissant à plusieurs scènes. Quand vous voyez un vrai reportage
de guerre, vous ne bénéficiez pas de prises de vue à vol d'oiseau dominant
toute l'action. Pour la Bataille des Plaines d'Abraham, par exemple, il nous
suffit d'imaginer qu'une équipe de la télévision française accompagnait
les troupes de Montcalm, une de la télévision britannique, celles de Wolfe,
et que des reporters "neutres" de la Télévision suisse ou de CNN, par
exemple, suivaient le tout de l'extérieur. »

STEINBERG

1996

La famille Steinberg dans les premières années de son commerce

PRODUCTION

Les Productions Sovimage inc.

En tout, 25 entrevues réalisées auprès d'anciens collaborateurs et employés, de membres de la famille et de figures marquantes constituent près de la moitié du contenu de la série Steinberg. L'autre moitié est faite d'archives visuelles auxquelles se greffent des reconstitutions dramatiques. Une dizaine de décors différents, plus de 30 comédiens et une quinzaine de figurants ont ainsi fait revivre l'époque de la jeunesse de l'immigrant hongrois Sam Steinberg, fondateur d'un véritable empire, mais surtout homme à la personnalité hors du commun.

144 ACTUALITÉ ET... CHAMPS DE BLÉ !

« Quelques belles journées ensoleillées ont subitement changé les esprits et les choses. C'est le printemps, et l'homme, plus pressé que nature, songe déjà aux labours, aux semailles. Ruraux et citadins, possédant un petit jardin, un coin de pelouse, porteront une plus grande attention au programme télévisé *Les Travaux et les Jours,* qui, chaque dimanche depuis novembre 1955, leur apporte de précieux conseils. Enseigner et instruire, atteindre les campagnes sans pour autant négliger les villes, voilà les buts poursuivis par les responsables de cette émission. »

Paul Coucke
La Patrie, 17 mars 1957

Cet article définit parfaitement le mandat des émissions *Les Travaux et les Jours* et *La Semaine verte,* qui a pris la relève en 1971. On pourrait en dire autant de l'émission *Jardin d'aujourd'hui,* présentée depuis 1990.

LA SEMAINE VERTE
depuis 1971

ANIMATEUR
Yvon Leblanc (1978-2002)

À La Semaine verte, on devait un jour présenter, en studio, les caractéristiques morphologiques d'un superbe étalon. Celui-ci, apercevant lors de la répétition générale la photo grandeur nature d'une non moins superbe jument, se mit à ruer... dans les décors! N'écoutant que la voix du bon sens, le réalisateur de l'émission prit alors la sage décision de se contenter, au moment de la diffusion en direct, d'une présentation avec photos, le fougueux étalon ayant été remercié de ses services...

LES TRAVAUX ET LES JOURS
1955-1971
ANIMATEURS
Paul Boutet et Raymond Laplante

*Novembre 1955 : début du magazine
d'agriculture et d'horticulture
Les Travaux et les Jours, ancêtre de
La Semaine verte. Raymond Laplante
en est l'animateur, et l'horticulteur
Auray Blain fait déjà partie de l'équipe.
Dans les années 1960, il n'y a pas
d'animateur proprement dit, mais
les agronomes Germain Lefebvre,
Paul Boutet, Jean-Guy Roy et Gustave
Laroque sont régulièrement invités
à l'émission.*

DES JARDINS D'AUJOURD'HUI
JARDIN D'AUJOURD'HUI
depuis 1990
ANIMATEURS
Les animateurs des saisons 2000 et 2001,
Ronald Leduc, Marie Tifo et Jean-Claude Vigor

*Deux pôles d'attraction principaux contribuent au succès de cette
émission depuis plus de 10 ans : la visite de merveilleux jardins
(ici comme à l'étranger) et une multitude de conseils pratiques
donnés par des experts passionnés.*

Née à une époque où la religion occupait une place extrêmement importante dans le tissu social, la Télévision de Radio-Canada s'est tôt intéressée aux questions religieuses et spirituelles, que ce soit en diffusant la messe ou en proposant des émissions de réflexion qui approfondissent des éléments du rite, comme *Eaux vives.* Authentiques témoins de l'actualité religieuse et spirituelle au Canada et à l'étranger, les magazines *L'Heure du concile, Panorama, 5D* puis *Second Regard,* en ondes depuis 1975, ont suscité des réflexions et ont provoqué des débats entourant le rôle et la place de l'Église dans la société, tout en nous faisant mieux connaître les

146 VIE SPIRITUELLE : DES MOMENTS DE TÉLÉVISION... SACRÉS

multiples visages de la spiritualité chez nous et à l'étranger. Parallèlement, pendant plus de 25 ans, *Rencontres* proposait des entrevues hebdomadaires avec des penseurs, des philosophes, des artistes et des écrivains parmi les plus réputés de notre temps.

En outre, dès 1953, *La Messe de minuit* célébrée au Forum de Montréal par Mgr Paul-Émile Léger fut le premier office religieux retransmis à CBFT. C'est depuis 1955 que Radio-Canada diffuse chaque semaine le service dominical. Ce rendez-vous porte le titre *Le Jour du Seigneur* depuis 1962.

EAUX VIVES
1954-1957
ANIMATEUR
Le père Émile Legault

LA MESSE/LE JOUR DU SEIGNEUR

depuis 1955

CÉLÉBRANT

Le révérend père Louis Racine, o.p.
célébrant l'eucharistie à la chapelle du collège Saint-Laurent à Montréal

SECOND REGARD

depuis 1975

ANIMATRICE

Myra Cree, animatrice de 1978 à 1982

RENCONTRES

1971-1991

ANIMATEUR

Marcel Brisebois

Responsable des émissions féminines, Michelle Lasnier a été l'instigatrice de *Femme d'aujour-d'hui* et a présidé à ses destinées pendant presque toute la carrière de l'émission. En mars 1981, à l'occasion de la 3000e, qui fut célébrée dans une grande spéciale aux *Beaux Dimanches*, Michelle Lasnier a bien voulu livrer ses réflexions sur le parcours de l'émission au magazine *TV Hebdo* : « *Femme d'aujourd'hui* s'est toujours appliquée à servir d'écho aux questions que les femmes se posent. Nous avons toujours eu la volonté précise de rendre les Québécoises conscientes d'elles-mêmes, de leurs capacités, de leur rôle. Il y a 15 ans, nous parlions davantage

148 FEMME D'AUJOURD'HUI : 17 ANS À L'AVANT-POSTE DE LA VIE CONTEMPORAINE

cuisine, décoration intérieure, mode... Les centres d'intérêt des femmes ont changé, leurs préoccupations aussi. Et nous continuons de les refléter. Dans les années 1970, le courant féministe est devenu très important. Partout au monde. Pas seulement au Québec. On nous a alors reproché d'être des féministes enragées... Nous avons toujours voulu que l'émission soit une tribune pour les femmes, qu'elle permette de développer une conscience nouvelle. Et dans le domaine de la création, je crois que le résultat est extraordinaire. Les femmes créent plus que les hommes en ce moment. Nous traduisons en ondes cette nouvelle réalité. »

FEMME D'AUJOURD'HUI
1965-1982

ANIMATEURS
Les premiers animateurs, Yoland Guérard et Lizette Gervais

FEMME D'AUJOURD'HUI

1965-1982

ANIMATRICES

1. Françoise Faucher en compagnie du Dr Paul Dontigny

2. Aline Desjardins, animatrice de 1966 à 1979

3. Pour la 1500e émission, un vaste forum animé par Aline Desjardins

4. La 2000e émission

DERNIÈRE ÉQUIPE D'ANIMATION

5. À l'avant, Élisabeth Richard (Ottawa) et Micheline Archambault (Québec).
À l'arrière, Claudette Lambert, Rachel Verdon et Lise Garneau.

Conseils pratiques, échange d'idées et d'informations, rencontres chaleureuses, portraits mémorables, tels sont les dénominateurs communs des émissions qu'on désigne parfois du terme un peu restrictif « émissions de services ».

Appelons-les plutôt « des facilitateurs », ayant pour mission de nous simplifier la vie, de nous aider à vivre... tout simplement.

150 ÉMISSIONS DE SERVICES : POUR VIVRE MIEUX, TOUT SIMPLEMENT

AU JOUR LE JOUR
1982-1989

ANIMATEURS

Dominique Lajeunesse
et Normand Harvey

L'objectif du magazine Au jour le jour est le développement de la qualité de vie. Parmi les sujets traités, cinq retiennent particulièrement l'attention : la famille, la vie économique, l'univers féminin, les loisirs (arts, spectacles, etc.) et la santé.

PAREIL PAS PAREIL
printemps-été 1999 et 2000

ANIMATRICE

Chantal Petitclerc

PRODUCTION

Les Productions Pixcom inc.

« On fait quelque chose qui n'a jamais vraiment été fait. Et ce qui est important dans tout ça, c'est d'innover en parlant avec des gens qui ont des choses à dire, peu importe leur handicap. » C'est ainsi que Chantal Petitclerc, animatrice du premier magazine présentant la réalité des personnes handicapées et les défis qu'elles relèvent dans leur propre perspective, présentait l'émission au journal Le Droit en mai 1999.

L'ACCENT FRANCOPHONE
1995-2002

ANIMATRICE

Josée Guérin (1996-1997)

Ce grand magazine hebdomadaire des communautés francophones hors Québec est diffusé sur tout le réseau français de Radio-Canada. Un trait d'union entre les diverses communautés du pays, mais aussi un véhicule privilégié pour prendre connaissance de la réalité francophone dans les neuf provinces à majorité anglaise.

COMMENT ÇA VA ?

1988-1995

ANIMATEUR

Dʳ Jean-François Chicoine (1988-1990)

PRODUCTION

Idéacom inc.

Une émission au rythme rapide, moderne, non dénuée d'humour, ponctuée d'éléments dramatiques, de fictions et d'illustrations. Une façon agréable d'apprendre à s'occuper de sa propre santé.

LE TEMPS DE VIVRE

1976-1993

ANIMATEUR

Pierre Paquette

Le Temps de vivre est un lieu de rencontre où des personnes d'un certain âge peuvent échanger leurs points de vue. À un journaliste qui lui demandait, à la veille de la première, comment il entrevoyait l'avenir de l'émission, l'animateur Pierre Paquette répondit : « Si Le Temps de vivre vous déplaisait à vous, je vous avoue que je ne me ferais pas trop de souci. En revanche, si c'est votre mère qui me dit que l'émission est mauvaise, alors ce serait drôlement inquiétant. »

C'EST SIMPLE COMME BONJOUR

2000-2002

ANIMATEURS

Claude Saucier et Louise Turcot

PRODUCTION

Les Productions Point de Mire inc. en collaboration avec Radio-Canada

Pour la majorité d'entre nous, la vie quotidienne a quelque chose de paradoxal : le plus souvent faite de choses simples et élémentaires, elle n'en apporte pas moins son lot de difficultés, d'incompréhension, de méconnaissance des produits, ressources et services qui s'offrent à nous. C'est simple comme bonjour veut remédier à cela. Et Louise Turcot et Claude Saucier y voient !

chapitre quatre **50 ans de divertissement**

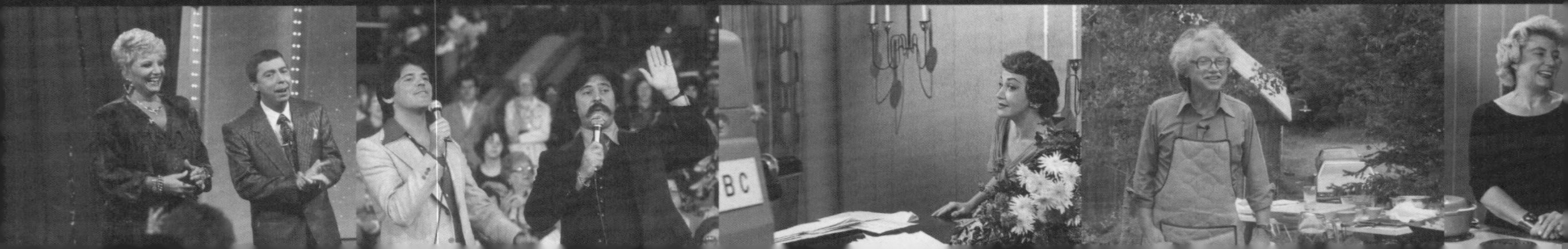

Le rire est un rapt

Il était une fois un homme déprimé. Car cet homme, archer de son métier, jamais ne réussissait à toucher sa cible. Les unes après les autres ses flèches allaient se perdre dans les bosquets, se planter dans l'écorce d'un arbre ou dans les volets des maisons avoisinantes. Désœuvré et amer, notre homme se retrouve en train de jeter le pain de son goûter aux canards de l'étang. Il lance un premier bout de pain. Puis un deuxième. Voyant ce qui se passe au milieu de l'étang, une joie fait son chemin, s'empare de lui et le secoue de tout son corps. Pendant une heure, livré à sa joie et riant, il va jeter à l'eau, un à un, tous ses morceaux de pain. Puis s'en retourner, le cœur léger, esquissant un pas de danse. Pourquoi cet archer était-il si heureux ? C'est que les morceaux de son pain toujours se posaient au centre des ronds qu'ils traçaient sur l'eau.

Le rire, cette suprême invention, est-il à l'usage exclusif des humains ? « Le rire est le propre de l'homme », disait Rabelais. Et en effet, nos amies les bêtes ne sont guère douées en la matière. Elles n'ont pas notre chance. Tout au plus pourront-elles exprimer leur agrément en balançant la queue ou en aboyant à qui mieux mieux. Certaines, à l'esprit décidément plus tordu, iront jusqu'à vous mordre un mollet, à vous enduire de leur bave, à vous injecter leur venin, à dévorer vos chaussettes ou à vous faire des grimaces. Tout ça pour

154 vous laisser croire qu'elles passent un bon moment. Non, décidément, nous seuls avons hérité de ce rare privilège : le rire.

Cela nous est arrivé à tous : de nous laisser distraire par la drôlerie, les plaisanteries et les pitreries au point d'en oublier tout le reste. D'être, en somme, littéralement ravis par quelque divertissement. Pas une bête n'est capable d'éprouver un tel ravissement. Le rire est un fieffé kidnappeur... Car, qu'est-ce donc que le rire, si ce n'est un rapt ? Une sorte d'abandon de nos préoccupations quotidiennes, qui laisse toute la place à la joie. L'espace d'une heure, l'archer de l'histoire ne fut-il pas délesté de ses tracas et capturé par la joie, ne fut-il pas littéralement... ravi ?

À bien des égards, la télévision joue le rôle d'un amuseur public. Radio-Canada n'a jamais perdu de vue que l'un de ses premiers mandats est précisément de dérider son auditoire. Des jeux d'habileté jusqu'aux sports, en passant par les talk-shows, les galas et les spectacles d'humour, des émissions de variétés jusqu'aux dramatiques, en passant par les chroniques de cuisine, une part considérable de la programmation de la télévision publique a été — et est toujours — consacrée au divertissement. Vous découvrirez dans ce chapitre l'éventail impressionnant des émissions produites dans cet esprit depuis 50 ans. Mais peu importent, au fond, leur nature, leurs caractéristiques propres. Chez les plus simples comme chez les plus extravagantes, celles qui suscitent le rire franc ou celles qui ont pour but de faire sourire ou de charmer, une chose demeure :

toutes les émissions n'ont qu'une seule véritable raison d'être qui est de réjouir le cœur de ceux qui les (157) regardent.

« Le rire est le propre de l'homme », disait Rabelais. Qui osera nier cette vérité toute simple ? Personne, bien sûr. Mais une bête, peut-être : le chat de Rabelais lui-même. Car la légende dit que, ayant entendu le vieux François prononcer sa fameuse phrase, son chat, alors qu'il lustrait son pelage et qu'il en était à son 126e coup de langue, s'interrompit pour répondre à son maître : « Mais pas du tout, voyons ! Le propre de l'homme, c'est de se laver avec du savon ! »

Lors de la 500ᵉ émission des *Démons du midi*, le 6 avril 1990, Guy Gougeon, vice-président de la Télévision française de Radio-Canada, adressa à l'équipe l'hommage suivant : « Un auditoire enthousiaste dans des milliers de foyers vient profiter chaque jour d'un moment privilégié de détente et de bonne humeur comme vous seuls savez le concocter. À l'occasion de cette 500ᵉ, il me fait plaisir de saluer votre talent et de vous dire merci. » Détente et bonne humeur, voilà bien les ingrédients magiques qui font le succès des émissions quotidiennes de variétés, qu'elles soient axées sur les jeux, sur la chanson, sur l'humour, sur la conversation ou qu'elles contiennent tous ces ingrédients réunis.

158 VARIÉTÉS : RENDEZ-VOUS QUOTIDIENS

LES COQUELUCHES
1974-1980

ANIMATEURS

Guy Boucher et Gaston L'Heureux

Après les adieux de Boubou commença l'ère des Coqueluches *! Le 18 mars 1976, l'émission fut interrompue par une manifestation étudiante pour le moins... incommodante ! En pleine diffusion, un groupe d'étudiants mécontents de l'Université du Québec à Montréal (située non loin du Complexe Desjardins, où se déroulait l'émission) apparut devant les caméras et commença à chahuter, à tel point qu'on dut cesser la diffusion. À la place, on présenta un documentaire sur l'Alsace et la Lorraine. Des cieux plus cléments, en somme !*

ALLÔ BOUBOU
1981-1985

ANIMATEUR

Jacques Boulanger

Après une longue absence, Jacques Boulanger retrouve son public du midi, au Complexe Desjardins, à Montréal. Allô Boubou *est une émission de variétés où l'on reçoit des artistes (chanteurs ou autres), où l'on peut assister à des défilés de mode, à des numéros de cirque, de danse ou de performances physiques.*

« On veut que le monde vienne ici pour se reposer, se distraire au milieu de la journée avant d'entreprendre le travail qui reste à faire à la maison, au bureau ou ailleurs. »

Jacques Boulanger, animateur (*La Tribune*, 4 septembre 1981)

LES DÉMONS DU MIDI
1987-1993

ANIMATEURS

Suzanne Lapointe et Gilles Latulippe

LES ANGES DU MATIN
1987-1990

ANIMATEURS

Christine Lamer et Denys Bergeron

PRODUCTEUR

CKSH-TV (Sherbrooke)

Le titre Les Anges du matin était un clin d'œil complice, un écho facétieux aux Démons du midi. Les revues de presse, artistes invités, chroniques variées étaient présentés avec bonne humeur et légèreté par Christine Lamer et Denys Bergeron.

À l'heure du lunch, chansons, sketchs, blagues, recettes et invités composent le menu des Démons du midi. Une émission très écoutée, sans prétention, dont le succès s'explique certainement par l'extraordinaire complicité des deux animateurs : Suzanne Lapointe et Gilles Latulippe.

En dépit des apparences, leur naturel désarmant laissant croire à bien des improvisations, rien n'est laissé au hasard. Voici comment l'exprimait, en 1992, Lucien Létourneau, un des réalisateurs de l'émission : « Lorsque nous entrons en ondes, aucune erreur ne peut être permise. C'est pourquoi chaque détail est étudié, chaque moment est répété, planifié, vu, revu et corrigé. »

LES 3 MOUSQUETAIRES
1997-2002

ANIMATEURS

Chantal Lamarre, Gaston Lepage et Louis-Georges Girard

Dès 9 h le matin, devant un public enthousiaste, dans une ambiance chaleureuse et décontractée, les trois animateurs (Chantal Lamarre, Gaston Lepage, Louis-Georges Girard) conversent plaisamment avec leur invité (le quatrième mousquetaire), blaguent entre eux, proposent musique, chansons, rubriques, sketchs et beaucoup de surprises.

160 VARIÉTÉS : RENDEZ-VOUS HEBDOMADAIRES

Un décor sympathique, une vedette de la chanson qui invite des stars, mais aussi des jeunes de la relève. Un peu de conversation et beaucoup de musique. Une formule classique qui nous a valu une multitude de bons moments depuis les débuts de la télévision. Et sûrement, aussi, quelques soupirs (peut-être même un brin de jalousie...) devant quelques-unes de nos vedettes les plus en vue !

ZOOM

1968-1971

ANIMATEUR

Jacques Boulanger, à droite, avec son invité Donald Lautrec

Une super émission de variétés, offrant des spectacles et des récitals des vedettes de l'heure, qu'elles soient d'ici ou d'ailleurs. À l'animation se sont succédé Jacques Boulanger, Claude Landré et Yves Corbeil.

STAR D'UN SOIR
1986-1991
ANIMATEUR
Pierre Lalonde
PRODUCTION
Productions Guy Cloutier

Dans un décor digne des meilleures émissions de variétés, Pierre Lalonde accueille des personnalités qui viennent présenter un parent ou un ami faisant preuve d'un talent certain pour la chanson ou le spectacle ; c'est leur « star d'un soir ». Marie-Michèle Desrosiers sera animatrice à la dernière saison. L'indicatif musical de Star d'un soir a été composé par le chanteur français bien connu Alain Barrière.

161

À LA ROMANCE
1956-1959
ANIMATRICE
Lucille Dumont

Pendant trois ans, Lucille Dumont anime À la romance et propose aux amateurs de musique légère, instrumentale ou vocale, des récitals de mélodies populaires. Lors de la distribution des trophées Frigon 1956-1957, les juges ont fortement hésité entre deux émissions de variétés : Music-hall et À la romance. Pourtant, À la romance était réalisée avec infiniment moins de moyens (financiers et techniques) que Music-hall. Ce qui prouve que, à la télévision, la simplicité, le naturel et la candeur font, parfois, le plus bel effet...

LE P'TIT CHAMPLAIN
1989-1991
ANIMATRICES
Jano Bergeron et Sylvie Ledoux

Présenté devant public au Théâtre Petit Champlain, au cœur du Vieux-Québec, Le P'tit Champlain propose chansons, monologues, sketchs, rencontres, etc. Une occasion de découvrir les personnalités et artistes de talent issus de la région de Québec. C'est Sylvie Ledoux qui anime l'émission, assistée par Florida Couture (une marionnette manipulée par Diane Garneau). La chanteuse Jano Bergeron, qui fait partie de l'équipe, interprète quant à elle deux chansons par émission. Elle sera remplacée, à partir de 1990, par Claire Pelletier.

Pour parler de cuisine à la télévision, il faut bien sûr allier un réel talent de communicateur à une technique très sûre. Après la légendaire Mme Jehane Benoit, bien des chefs ont su marier ces ingrédients à la Télévision de Radio-Canada. Qu'on pense seulement à sœur Angèle qui a grandement contribué à la popularité de l'émission *Allô Boubou*, au professeur Henri Bernard ou à Daniel Vézina, l'un des chefs les plus réputés au Québec, qui partageait ses connaissances avec Suzanne Lapointe dans une atmosphère des plus détendues.

« Préparer des plats, cuisiner, c'est d'abord et avant tout apprendre une technique. Des mets

162

À LA SOUPE !

peuvent être complexes, longs ou difficiles à faire, mais si vous avez une technique de base, le reste c'est chacun sa façon, chacun sa touche personnelle. » Ainsi s'exprimait le professeur Henri Bernard, interrogé par le journaliste Yves Bernier du *Soleil* de Québec, le 2 mai 1981.

ALLÔ BOUBOU
chronique Cuisine, 1981-1985
ANIMATEURS
Sœur Angèle (Angèle Rizzardo)
et Jacques Boulanger

ATTENTION C'EST CHAUD !
1996-1999
ANIMATEURS
Suzanne Lapointe et Daniel Vézina

BONJOUR MADAME
chronique Cuisine, 1958-1961
ANIMATRICE
Mia Riddez en compagnie
de Jehane Benoit

LA FINE CUISINE D'HENRI BERNARD
1979-1982
ANIMATEUR
Henri Bernard

Après les téléromans, les émissions d'humour sont celles qui remportent, depuis 50 ans, les succès les plus constants. Et comme on pourra le voir avec les titres qui suivent, les voies du rire ne sont pas impénétrables, mais elles sont aussi diversifiées que les talents de ceux qui travaillent à le provoquer. Ah! le don de transposer à la télévision la magie du vaudeville (Dominique Michel et tant d'autres), la plume acérée du caricaturiste (Normand Hudon)! Ah! le pouvoir de provoquer et de surprendre monsieur et madame tout-le-monde *(Les Insolences d'une caméra)*, le sens de l'absurde (Ding et Dong)! Ah! les sketchs liés à l'actualité ou à la nature humaine

164 HUIT MOYENS INFAILLIBLES POUR SE DILATER LA RATE

(Samedi de rire, Samedi P.M.), l'ironie d'un journaliste critique qui a des chôôses à dire *(Infoman)*! Sans oublier le rendez-vous annuel du *Bye Bye* qui, de 1968 à 1998, clôturait l'année. Un rendez-vous dont les origines sont encore plus lointaines, puisque dès 1957, une émission spéciale d'*Au p'tit café* saluait l'arrivée de 1958 en posant un regard décapant sur l'année qui venait de s'écouler.

ZÉRO DE CONDUITE

1962-1963

EN VEDETTE

Roger Joubert et Denise Filiatrault

Dominique Michel, Denise Filiatrault, Paul Berval, Denis Drouin et Olivier Guimond chantent et jouent la comédie dans de petits sketchs écrits spécialement pour Zéro de conduite. Les « Mauvais Compagnons » (Claude Michaud, Marc Favreau, Gaétan Labrèche et Guy L'Écuyer) leur emboîtent le pas. Le succès de cette émission repose sur le fait qu'aucun de ces comédiens ne possède un réel talent de chanteur...

AU P'TIT CAFÉ

1956-1962

ANIMATEURS

Pierre Thériault, Dominique Michel et Normand Hudon

Dépourvue de prétention dans sa forme comme dans les textes des chansons, sketchs et monologues qui y sont présentés, l'émission Au p'tit café trouva rapidement le ton juste pour faire rire et se moquer gentiment de tout et de rien.

« Une émission de ce style est une bonne chose. Il est sain que nos valeurs les plus sûres, les plus sacrées, qu'elles soient politiques, artistiques ou autres, passent au crible de l'humour et de l'irrespect. C'est une marque de santé mentale. C'est un signe de maturité. »

Gilles Carle, cinéaste, parlant de l'émission *Au p'tit café* *(Le Nouveau Journal, 17 janvier 1962)*

LES INSOLENCES D'UNE CAMÉRA

1961-1966 et 1986-1989

ANIMATEUR

L'homme caméléon, Alain Stanké

PRODUCTION

Les Productions audiovisuelles Stanké/Lamy (1986-1989)

Doris Lussier a été le premier animateur des Insolences d'une caméra. *Paul Berval lui a succédé à l'époque où Alain Stanké était l'un des « cascadeurs » les plus connus de l'émission. Plus tard, c'est celui-ci qui prendra la relève en tant que producteur et animateur de la nouvelle série des* Insolences.

SAMEDI P.M.
1989-1992
EN VEDETTE
Pauline Martin dans son *inimitable* imitation de Jean-Luc Mongrain
PRODUCTION
Samedi de rire inc.

Essentiellement conçue pour
la télévision, l'émission Samedi P.M.
était enregistrée devant public au
Spectrum de Montréal. Au fil des ans,
quelques-uns de nos meilleurs
comédiens y travaillèrent aux côtés
de Pauline Martin : Hélène Mercier,
Martin Drainville, Marcel Lebœuf,
Raymond Legault, Luc Guérin,
Chantal Lamarre, Diane Lavallée
et Gildor Roy.

SAMEDI DE RIRE
1985-1989
EN VEDETTE
Yvon Deschamps dans un conte de Ti-Blanc Lebrun
PRODUCTION
Samedi de rire inc.

*Yvon Deschamps rêvait depuis longtemps d'une série de télévision dont il serait à
la fois le concepteur et l'animateur. En 1985, voici qu'il concrétise ce rêve avec
Samedi de rire. À sa dernière saison, l'émission était regardée par une moyenne
de 1 650 000 personnes, soit 69 % de l'auditoire francophone de la télévision.*

168

LES HA ! HA !

1983-1984

EN VEDETTE

Le duo Ding et Dong, Claude Meunier et Serge Thériault

*« Leur bêtise touche au sublime. »
Ainsi parlait-on, en 1983, de
Ding et Dong (Serge Thériault
et Claude Meunier), les deux
animateurs des Ha ! Ha ! Inspirée
des Lundis des Ha ! Ha !, événement
célébrissime du monde de l'humour
au Québec, l'émission a littéralement
renouvelé la farce, l'imitation, la
caricature des gens et de la société.
C'était une aventure complètement
folle à laquelle nous conviaient Ding
et Dong, et qui provoquait l'hilarité
des foules ravies et électrisées.*

INFOMAN

depuis 2000

ANIMATEUR

Jean-René Dufort mène l'enquête.

PRODUCTION

Zone3 IV inc.

*Les dossiers chauds de l'actualité, des enquêtes et des portraits réalisés
avec... ou sans le concours des intéressés !*

*« S'il est dérangeant, c'est parce qu'il a créé quelque chose de nouveau.
Dans le fond, c'est un columnist, un chroniqueur comme il y en a dans
les médias écrits, mais comme il n'y en avait pas à la télévision. »*

Stéphane Laporte, concepteur d'*Infoman*, parlant de
l'animateur Jean-René Dufort (*Le Devoir*, 12 octobre 2000)

LES BYE BYE AU FIL DES ANS

ACTEURS

1. *Bye Bye 70.* Denis Drouin et Olivier Guimond dans leur célèbre sketch sur la Crise d'octobre.

2. *Bye Bye 76.* À droite, Denise Filiatrault dans le rôle de la reine d'Angleterre et sa suivante (Dominique Michel). (page suivante)

Diffusé de 1968 à 1998 inclusivement, le Bye Bye *est traditionnellement l'une des émissions les plus attendues... et les plus critiquées de l'année. À la fin des années 1980, la formule de l'émission montre des signes d'essoufflement. En 1990, on trouve alors la solution qui nous vaudra des moments inoubliables de télévision : le direct. Présenté à l'extérieur de Radio-Canada devant plusieurs centaines de personnes, le* Bye Bye *devient pour les comédiens et pour l'équipe de production un défi exaltant, et pour le public sur place comme pour les téléspectateurs une source de surprises inoubliables : qu'on pense seulement aux apparitions de Marina Orsini et Roy Dupuis (1991), de Sylvie Fréchette (1992) ou du premier ministre Parizeau et de son épouse (1994). On ne saurait évidemment terminer cette brève rétrospective sans rendre hommage à Dominique Michel qui a été la vedette d'un grand nombre de* Bye Bye, *participation d'autant plus marquante qu'elle s'était aussi illustrée dans des spéciales de fin d'année d'*Au p'tit café. *Sa verve, ses talents d'imitatrice, son sens de la repartie, sa jeunesse et son énergie sont les symboles par excellence de l'histoire des* Bye Bye.

2

172 TALK-SHOWS DÉSOPILANTS

Comment peut-on marier efficacement talk-show et humour ? Le 7 juin 1999, de vieux pros totalisant à eux deux 25 ans d'âge, Marie-Pier Morand et Maxime Desbiens-Tremblay, également connus comme *Les Couche-tôt*, ont partagé leur expérience avec la journaliste Isabelle Massé de *La Presse*. Maxime : « On est plus naturel maintenant, lorsqu'on fait des entrevues à l'émission. » Marie-Pier : « On a aujourd'hui plus confiance en nous. À huit ans, par contre, j'étais moins stressée sur le plateau. Je ne me rendais pas compte de l'impact, de ce qui pouvait arriver. Je me considère chanceuse, car je rencontre beaucoup d'artistes. Il y en a des plus sérieux qui ne se sentent pas vraiment à l'aise lorsqu'ils viennent à l'émission. Et il y en a d'autres qu'on imagine très sérieux et qui sont finalement très drôles. Les meilleurs invités sont ceux qui participent et qui jouent le jeu. »

LES COUCHE-TÔT

1996-1999

ANIMATEURS

Maxime Desbiens-Tremblay et Marie-Pier Morand

Un talk-show pour adultes animé par un duo de (très) jeunes comédiens : Marie-Pier Morand et Maxime Desbiens-Tremblay.

Au peu chevelu Pierre Légaré : « Pourquoi es-tu chauve ? » Au nouveau papa André-Philippe Gagnon : « Comment fait-on les bébés ? » Au corpulent ministre Jean Garon : « Étiez-vous petit quand vous étiez petit ? » Voilà le genre de questions, au demeurant fort pertinentes, que posent les animateurs des Couche-tôt à leurs invités...

LES COUCHE-TARD
1960-1970
ANIMATEURS
Roger Baulu et Jacques Normand en compagnie du maire Jean Drapeau (au centre)

Un classique ! En fin de soirée, Roger Baulu et Jacques Normand (qui s'entendent comme larrons en foire) reçoivent en studio des invités et discutent avec eux de choses et d'autres. Subtil, léger, charmant, impertinent, original, élégant, dynamique, moqueur, drôle... tous les qualificatifs du genre ont été utilisés pour parler des Couche-tard.

L'ECUYER
1995-2002
ANIMATEUR
Patrice L'Ecuyer
PRODUCTION
Les Productions Québec-Amérique (1995-1996)
Les Productions Cité variations inc. (1996-1998)
Michel Gauthier Productions (1998-2000)
Avanti Ciné Vidéo (2000-2002)

Que ce soit dans son monologue d'ouverture, dans ses gags, ses escapades à l'extérieur du studio ou au cours de ses entrevues jamais tout à fait comme les autres, Patrice L'Ecuyer surprend toujours. Pendant trois années consécutives, soit en 1996, 1997 et 1998, L'Ecuyer a remporté le prix Gémeaux de la meilleure série de variétés.

174 DRÔLES DE DRAMATIQUES

Il y a les couples éternels comme Jean et Janette ou Guy et Sylvie. Il y a aussi de vieux couples comme Hector et Marie-Rose. Et puis il y a Catherine, qui voudrait bien vivre en couple, mais qui ne parvient pas à trouver (ou à garder !) l'homme de sa vie. Mais il n'y a pas que les couples qui font rire. Il y a les milieux pétillants de vie comme le restaurant *Chez Denise* ou l'agence artistique Lemay qui conduit ses affaires *Du tac au tac*... Quand on conjugue humour et dramatiques, les personnages font foi de tout.

CHEZ DENISE

1979-1982

AUTEURE

Denise Filiatrault

EN VEDETTE

Le chef Firmin Lapalisse (Roger Joubert), le barman Jean-Paul (Benoît Marleau), la propriétaire du restaurant, Denise (Denise Filiatrault), et l'aide-chef Federico (Paul Berval)

Denise Dussault dirige avec efficacité (mais non sans humour !) le personnel du restaurant dont elle est propriétaire. Pour la semaine du 22 au 29 octobre 1979, Chez Denise se classait en première position au palmarès des émissions les plus écoutées, avec 1 990 000 téléspectateurs !

UN GARS, UNE FILLE
depuis 1997

AUTEUR PRINCIPAL

Guy A. Lepage

EN VEDETTE

Guy A. Lepage et Sylvie Léonard

PRODUCTION

Avanti Ciné Vidéo

Le plus important succès d'exportation de l'histoire de la télévision québécoise. Au printemps 2002, 11 pays avaient acheté les droits d'Un gars, une fille.

Un jour, l'auteur Guy A. Lepage a reçu un courriel de sa traductrice allemande qui lui demandait de l'aider à comprendre le sens de quelques mots introuvables dans les dictionnaires : « nounoune », « scrappé » et « coudon ».

TOI ET MOI
1954-1960

AUTEURS

Jean Lajeunesse et Janette Bertrand

EN VEDETTE

Jean Lajeunesse et Janette Bertrand

Jean Lajeunesse et Janette Bertrand ont très tôt fait partie de l'histoire de la télévision d'ici. Dès 1956, on les voyait dans Toi et moi, *une série hebdomadaire mettant en vedette un jeune couple et leur famille. Un ancêtre d'Un gars, une fille ?*

DU TAC AU TAC

1976-1982

AUTEURS

André Dubois, Jean-Pierre Plante et Raymond Plante

EN VEDETTE

L'équipe de l'agence Lemay. À l'avant, Huguette (Anouk Simard), Louis (Jean-Pierre Chartrand) et Sylvie (Christiane Pasquier). À l'arrière, Mario Duquette (Michel Forget) et Jean-Jacques Lemay (Roger Lebel).

Avec son rôle de Mario Duquette, Michel Forget a remis au goût du jour l'honorable profession de comptable. Mais il a fait plus. Les... remarquables vestons à carreaux de Mario ont su également créer une belle unanimité, chez les téléspectateurs du Tac au tac, quant à ses goûts vestimentaires.

POIVRE ET SEL

1983-1987

AUTEUR

Gilles Richer

EN VEDETTE

Hector (Gilles Latulippe) feint d'être malade, entouré de Marie-Rose (Janine Sutto), Bertrand (Robert Rivard), Gertrude (Denise Proulx) et Pierrot (Yves Jacques)

C'est dans un restaurant, en Floride, que l'idée est venue à Gilles Richer de créer les deux personnages principaux de Poivre et Sel. Alors que Richer était attablé, un couple âgé, très enjoué, mangeait et buvait à une table voisine. Vint un moment où le couple s'est mis à danser entre les tables. « J'ai pensé qu'ils avaient bien le droit de faire ce qui leur plaisait, même si d'autres clients avaient l'air choqués », raconte l'auteur de Poivre et Sel. Il n'en fallait pas plus : le couple Marie-Rose et Hector venait de naître dans l'imagination de l'auteur.

CATHERINE

depuis 1999

AUTEURS

Stéphan Dubé, Jean-François Léger et Sylvie Moreau

EN VEDETTE

Catherine (Sylvie Moreau) et Sophie (Marie-Hélène Thibault)

PRODUCTION

Avanti Ciné Vidéo

Humour décapant (voire un brin irrévérencieux), rythme et modernité. Voilà Catherine*!*

« Je n'avais jamais eu de rôle comique [...]. On pensait toujours à moi pour des rôles charnels. Pourtant, je ne me sens ni gracieuse, ni délicate. Je me perçois comme une personne gauche, maladroite. Probablement parce que, plus jeune, je pratiquais intensivement l'athlétisme et le basket-ball. J'étais plutôt faite carrée. »

Sylvie Moreau, interprète du rôle-titre dans *Catherine* (*La Presse*, 24 juillet 1999)

« D'un trait, Robert Lapalme ajouta au croquis quelque contour indéfinissable, déposa son crayon, s'appuya d'un air satisfait contre le chevalet tout en tirant calmement des bouffées de sa pipe et contemplant d'un air goguenard ses victimes. Jacques Normand se grattait vigoureusement la nuque et affichait un air des plus perplexes ; Gérard Pelletier, son voisin, était résolument accoudé à la table et paraissait chercher fiévreusement une lointaine et inaccessible souvenance ; Jean Despréz souriait, mais n'en parlait pas davantage, et le Dʳ Philippe Panneton restait énigmatique. L'invité, c'était son honneur le maire de Montréal, M. Camillien Houde.

178 MAUVAIS PERDANTS, S'ABSTENIR !

« Mais voilà : les jurés qui avaient à deviner ce que représentait l'esquisse (oh combien !) de Lapalme ne savaient pas que ladite esquisse dépeignait – symboliquement – le premier magistrat de la Métropole assis près d'eux...

« Gérard Pelletier eut une inspiration subite : Est-ce qu'il s'agit d'une île ? D'une île, en effet, et comment donc ! répondit l'imperturbable animateur Roger Duhamel.

« Le maire la trouva plaisante et s'en délecta et les spectateurs avec lui. Quelqu'un trouva bientôt la bonne réponse et l'honneur fut quitte pour tout le monde.

« Mais c'est l'un des principaux attraits de ce jeu que l'apparition inattendue et imprévue d'un éminent personnage au cours du questionnaire. »

C'est ainsi que *La Semaine à Radio-Canada* décrivait un moment inoubliable de la toute première émission du tout premier jeu télévisé de Radio-Canada, *Le Nez de Cléopâtre*, le 27 septembre 1952.

Bien d'autres ensuite viendront amuser, surprendre et enrichir les téléspectateurs au fil des ans : jeux questionnaires légers *(La Poule aux œufs d'or)* ou plus costauds *(Tous pour un)*, jeux forçant des personnalités à porter la plus grande attention à ce qu'ils disent *(À la seconde, Le Travail à la chaîne)*, jeu dans lequel les histoires les plus invraisemblables de nos vedettes se révèlent souvent les plus vraies *(Les Détecteurs de mensonge)*. Et ce ne sont là que quelques-uns des plus mémorables !

LA POULE AUX ŒUFS D'OR

1958-1966

ANIMATEUR

Roger Baulu pose la question :
L'œuf ou l'enveloppe ?

LE TRAVAIL À LA CHAÎNE

1972-1981

ANIMATEURS

Le grand argentier Maître Jacques (Jacques Houde)
et l'animateur Serge Laprade

À LA SECONDE

1967-1972

ANIMATEURS

Henri St-Georges et Jean-Pierre Coallier

LES DÉTECTEURS DE MENSONGE

1990-1993, puis 1999-2001

ANIMATEUR

Patrice L'Ecuyer et le premier trophée du Super Menteur

PRODUCTION

Avanti Ciné Vidéo et Radio-Canada

QUE LE MEILLEUR GAGNE

1993-1995

ANIMATEUR

Gregory Charles

180

TOUS POUR UN
1963-1969, puis 1992-1995

ANIMATEUR

Raymond Charette en
compagnie d'un jeune
qui savait tout des aventures
de Tintin, Denis Therrien

182 TAPIS ROUGE POUR NOS ARTISTES

Dès les années 1950, Radio-Canada s'associa au Gala des artistes et télédiffusa la soirée de la remise des prix au profit de l'Union des artistes. Ces grands soirs de gala ont toujours été des moments privilégiés et, depuis une vingtaine d'années, le Gala de l'ADISQ et le Gala des Prix Gémeaux, dont toutes les éditions ont été diffusées à Radio-Canada, comptent parmi les événements les plus attendus de la saison.

Dans *Regardez c'est votre histoire*, paru à l'occasion du 40ᵉ anniversaire de la Télévision de Radio-Canada, le réalisateur Jean-Jacques Sheitoyan, reconnu pour l'excellence de ses captations de spectacles et de galas, avait énoncé quelques principes incontournables : « Je sais exactement ce que je vais faire. Je suis préparé à 80 %. Il faut que je conduise mon Boeing. Que l'emplacement de mes caméras soit stratégique... Si tu fais un spectacle, tu essaies d'être le plus fidèle possible à ce que tu vois sur scène. C'est comme si mes yeux étaient une lentille. Je vais chercher la bonne réaction au bon endroit. Je focalise sur le visage quand c'est intense, et puis quand ça se relâche, je suis porté à regarder à droite et à gauche. »

GALA DES PRIX GÉMEAUX

depuis 1987

ANIMATEUR

Normand Brathwaite (depuis 1991)

PRODUCTION

Académie canadienne du cinéma et de la télévision

Depuis le premier Gala des Prix Gémeaux, diffusé en février 1987, près de 1 000 prix ont été décernés aux vedettes et artisans de la télévision d'ici. Un hommage à l'excellence et une grande fête annuelle.

GALA DE L'ADISQ

depuis 1978

ANIMATEUR

Guy A. Lepage (depuis 2000)

PRODUCTION

ADISQ

Une grande fête soulignant la qualité et la diversité de la chanson, de la musique et de l'humour d'ici.

LA SOIRÉE DES MASQUES

depuis 1994

ANIMATRICE

Pierrette Robitaille (2000-2001)

PRODUCTION

Académie québécoise du théâtre

En novembre 1994, Radio-Canada s'associait avec l'Académie québécoise du Théâtre pour présenter un tout nouveau gala soulignant les plus grandes réussites de notre théâtre et de ses artisans. Une tradition annuelle est ainsi née. Juste retour des choses pour un art qui a été associé de très près à notre télévision, tout au long de son histoire.

184 UN ESPRIT SAIN DANS UN CORPS SAIN

Pendant les 30 premières années de son histoire, la Télévision de Radio-Canada a été, au Canada français, le principal (et dans bien des cas le seul) diffuseur des matchs professionnels de hockey, de baseball et de football. Elle présenta aussi les grandes compétitions de sport amateur et une multitude d'autres disciplines. C'est d'ailleurs un événement sportif, un match de baseball des Royaux de Montréal, qui fut la toute première émission diffusée à CBFT, plus de trois semaines avant l'inauguration officielle.

Le rôle décisif des commentateurs de Radio-Canada dans l'élaboration du vocabulaire français des sports professionnels nord-américains appartient à l'histoire, et ce n'est pas un hasard si René Lecavalier (hockey), Richard Garneau (hockey) et Pierre Dufault (football canadien) ont été élus au Temple de la Renommée de leur sport de prédilection. Le célèbre commissaire de la Ligue nationale de football, Pete Rozelle, a personnellement rendu hommage à Jean Séguin pour son rôle dans la diffusion de ce sport chez nous, et on ne saurait oublier le travail de Guy Ferron au cours des premières années des Expos.

Radio-Canada, qui diffusera les Jeux olympiques au moins jusqu'en 2008, a développé une tradition tout aussi riche dans la transmission des compétitions de sports amateurs. Les Jeux de l'Empire de Vancouver, en 1954, ont constitué le premier événement présenté en direct d'un océan à l'autre par voie téléphonique. Depuis les Jeux de 1964 à Tokyo, la majorité des Olympiades ont fait l'objet de reportages quotidiens en direct, et on ne compte plus les compétitions nationales et internationales d'envergure qui ont été transmises, en direct aussi, dans le cadre de *L'Univers des sports* ou dans d'autres contextes.

LA SOIRÉE DU HOCKEY

depuis 1952

ANIMATEURS

1. Claude Quenneville, qui a assuré la description des matchs de 1990 à 2002

2. Gilles Tremblay, analyste pendant plus de 25 ans, et Richard Garneau qui, comme ses collègues Lionel Duval et René Lecavalier, a fait partie de l'équipe de *La Soirée du hockey* pendant une trentaine d'années.

3. Avant de participer à *La Soirée du hockey*, Gilles Tremblay s'était illustré comme joueur. On le voit ici en compagnie de Lionel Duval.

4. Le légendaire René Lecavalier en compagnie de l'analyste Gilles Tremblay. (page suivante)

Cinquante ans d'histoire et que de grands moments ! Par le truchement de la télévision, 18 des 24 conquêtes de la coupe Stanley par les Canadiens de Montréal ont pu être suivies par des milliers de téléspectateurs. En 1952, on craint que les amateurs de hockey restent à la maison pour regarder les matchs plutôt que de se rendre au Forum. Les dirigeants de la Ligue nationale imaginent déjà les pertes considérables de revenus qu'une telle situation risque d'entraîner ! Aussi décide-t-on de ne commencer la télédiffusion qu'à 21 h 30, soit à la toute fin de la deuxième période. Mais on s'aperçoit bientôt que, malgré la grande popularité des joutes télévisées, le Forum ne désemplit pas pour autant. On demeure prudent, on permet donc que la télédiffusion débute à 21 h, puis à 20 h 45, à 20 h 30 et, enfin, à compter de la saison 1968-1969, à 20 h, optant pour une présentation intégrale des matchs.

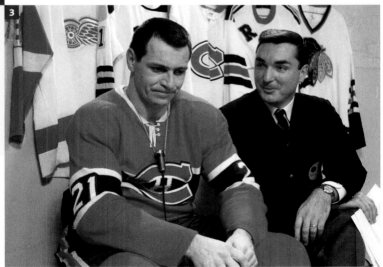

LE BASEBALL DES EXPOS
1969-1999
COMMENTATEURS

1. À l'avant, les premiers commentateurs, Guy Ferron et Jean-Pierre Roy, en compagnie du gérant général Jim Fanning. À l'arrière, quelques joueurs des Expos de l'édition 1975.
2. Raymond Lebrun en compagnie de l'analyste Claude Raymond
ÉVÉNEMENT
3. Radio-Canada célèbre l'anniversaire de Youppi.

C'est le 8 avril 1969 que le club de baseball montréalais Les Expos fit son entrée dans la Ligue nationale. Entrée soulignée par la diffusion de ce premier match les opposant aux Mets de New York, en direct du stade Shea de la métropole américaine. Après ce jour, et jusqu'en 1999, Radio-Canada présenta fidèlement, saison après saison, de nombreux matchs de « Nos Amours ».

LA LUTTE
1952-1960
ANIMATEUR
Michel Normandin

Un classique de la programmation sportive de Radio-Canada au cours des années 1950. Chaque semaine, le match de lutte au petit écran crée un véritable engouement, grâce à son (très) populaire animateur Michel Normandin. À l'automne 1955, La Lutte se classe au 7e rang des 20 émissions les plus écoutées dans la région de Montréal.

À l'automne de 1953 et de 1954, alors que CBFT est encore une télévision bilingue, des matchs de football sont présentés en anglais. De 1956 à 1960, Radio-Canada ne diffuse que des matchs éliminatoires, incluant la traditionnelle classique de la coupe Grey. Ce n'est qu'à compter de 1963 que Le Football professionnel canadien propose un calendrier comprenant une dizaine de rencontres en saison régulière, des matchs éliminatoires et la classique de la coupe Grey. Richard Garneau en sera le commentateur jusqu'en 1972, en compagnie de Louis Chassé puis de Raymond Beauchemin. Mais le commentateur que tous associent au football canadien est Pierre Dufault, qui en assure la description de 1973 jusqu'à la fin. Pierre Dumont, un ancien joueur des Alouettes de Montréal, fut analyste à ses côtés de 1975 à 1988. Pierre Dufault a été intronisé au Temple de la renommée de la Ligue canadienne de football en 2001.

LE FOOTBALL PROFESSIONNEL CANADIEN

1953-1988, interruption en 1961 et 1962

ANIMATEURS

L'analyste Pierre Dumont, le commentateur Pierre Dufault et l'animateur Camille Dubé

LE FOOTBALL DE LA LIGUE NATIONALE

1961-1986

ANIMATEURS

1. Jean Séguin et Raymond Lebrun au Rich Stadium de Buffalo
2. Raymond Lebrun salue la vedette des Bills de Buffalo, O.J. Simpson

Radio-Canada a diffusé des matchs de la NFL pendant 25 ans. Tout au long de ces années, l'émission n'a cependant connu que deux commentateurs, Yves Létourneau et Raymond Lebrun, et un seul analyste, Jean Séguin. Ce dernier a d'ailleurs été honoré comme l'un des rares journalistes (24 en tout) à avoir assisté aux 20 premiers Super Bowl.

EN MOUVEMENT
1968-1979
ANIMATEURS
Pierre Tessier et
Suzanne Marquis-Roussel

190

Une émission qui incite à faire de l'exercice physique, que ce soit pour retrouver la forme ou tout simplement pour maintenir une bonne santé. Au cours de la saison 1976-1977, il arrivait que l'équipe d'En mouvement enregistre jusqu'à 12 émissions par jour ! C'est sans doute la raison pour laquelle, cette année-là, l'un des animateurs de l'époque, Jean Brunelle, dut s'entraîner durant trois mois, à raison de 10 à 12 heures par jour, avant d'entamer la série d'enregistrements...

PRENEZ LE VOLANT
1966-1973
ANIMATEUR
Jacques Duval

Jacques Duval et Pierre Perreault analysent les performances techniques des voitures, exposent les résultats des tests auxquels elles sont soumises et soulignent, en toute impartialité, les qualités et défauts des principales marques. Des chroniques traitant de sécurité, de compétition sont également au programme de Prenez le volant.

L'UNIVERS DES SPORTS

1961-1995

ÉVÉNEMENT

1. Course de stock-car dans le cadre du Carnaval de Québec en 1965

2. Un skieur dévalant la pente durant la compétition Du Maurier International

Une fenêtre d'accueil pour les manifestations sportives les plus importantes, tant à l'étranger qu'au pays. Éditoriaux et actualités, reportages et chroniques sont au programme de ce magazine taillé sur mesure pour les fervents de sport.

LES HÉROS DU SAMEDI

1972-1993

HÉROS DU JOUR

Les Voltigeurs de Saint-Hyacinthe

L'annonce de la venue des Jeux olympiques à Montréal a valu au sport amateur une reconnaissance accrue. C'est dans cet esprit que, dans les années précédant tout juste les Jeux de 1976, Radio-Canada a créé Les Héros du samedi, accordant une place toute spéciale aux jeunes qui pratiquent les sports les plus divers.

COUPE DU MONDE DE SOCCER

Espagne 1982 · Mexique 1986 · Corée-Japon 2002

ANIMATEURS

Le commentateur Jean Pagé et l'analyste Georges Seltzer

192

La compétition sportive qui suscite la plus vive passion dans le monde. Le soccer est en effet le sport le plus populaire sur la planète et, dans les pays d'Europe et d'Amérique du Sud, il est l'objet d'un véritable culte. Voilà pourquoi les matchs de la Coupe du monde sont toujours à ce point chargés d'électricité.

LE GRAND PRIX DU CANADA DE FORMULE 1

depuis 1983

ÉVÉNEMENT

Course automobile de Formule 1

Depuis 1983, les caméras de Radio-Canada ont capté toutes les éditions du Grand Prix de Formule 1, sauf une. Présenté en direct du circuit Gilles-Villeneuve à Montréal, cet événement spectaculaire suscite les émotions les plus fortes, et pour cause : les meilleurs pilotes de F1 au monde s'y donnent rendez-vous pour une démonstration toujours impressionnante de leur savoir-faire.

L'AVENTURE OLYMPIQUE

2000-2002

ANIMATRICE

Marie-José Turcotte

Soixante minutes d'information au cours desquelles on aborde tous les aspects sportifs, humains et sociaux des Jeux olympiques, ainsi que les éléments les plus intéressants de la carrière de nos athlètes. Aussi : des portraits, des reportages sur les diverses disciplines olympiques et sur une foule de sujets reliés à l'olympisme et au sport amateur.

193

LE TOUR DE L'ÎLE DE MONTRÉAL

Édition 1984

En 1984, à Montréal, des dizaines de milliers de cyclistes de tous âges (et de toutes conditions physiques) se rassemblaient pour la première fois pour le désormais célèbre et très attendu Tour de l'Île. Chaque année, depuis, le même grand rendez-vous est donné. Pour le plaisir du sport, ou celui de parcourir la ville autrement ? À chacun sa motivation !

VÉLO MAG

1999-2000

ANIMATRICE

Diane Sauvé

PRODUCTION

Avanti Ciné Vidéo et Tour de l'Île de Montréal

« On estime le nombre de vélos au Québec à 4 millions. L'émission peut donc rejoindre pas mal de monde. [...] Il y a tellement de trucs nouveaux à vendre. Ça ressemble un peu au marché de l'informatique. C'est donc très intéressant de savoir de quoi on parle lorsque vient le temps d'acheter. »
Diane Sauvé, animatrice de *Vélo Mag* (*Le Droit*, 3 juillet 1999)

chapitre cinq **50 ans de jeunesse**

L'art de l'enfance

« Être jeune, disait l'écrivain allemand Thomas Mann, c'est être spontané, rester proche des sources de la vie, pouvoir se dresser et secouer les chaînes d'une civilisation périmée, oser ce que d'autres n'ont pas eu le courage d'entreprendre ; en somme, se replonger dans l'élémentaire. »

Vue ainsi, on l'aura compris, la jeunesse n'est pas une affaire d'âge. Ni même une simple question de physiologie. On entend dire souvent : « On a l'âge de nos artères. » Bouh ! Réduire ainsi à une banale question de plomberie la jeunesse, cet état de grâce, cette verdeur de l'âme, cette pétulance de l'être ! Bien sûr, il est des étapes de l'existence où la jeunesse s'impose plus naturellement. Elle fréquente bien assidûment les gens de 0 à 20 ans. Faudrait-il pour autant pleurer sitôt que l'on a dépassé l'âge des premiers enchantements ? Ce serait bien vite abandonner le combat. Car les années n'effacent pas la jeunesse. Disons plutôt qu'elles l'enfouissent, au plus profond de nous-même, en une région très tôt laissée, comment dire ? En jachère ? En tout cas en un état d'affligeante sous-utilisation. Parce que, prétend-on, la jeunesse serait incompatible avec les exigences de l'âge adulte. Idée saugrenue. Qui osera nier que de jeunes gens soient tout à fait capables de vieillesse, et que des soi-disant « vieux » affichent en cette matière la plus réjouissante incompétence ?

À la Télévision de Radio-Canada, la jeunesse est intemporelle. Elle est fréquentée, et pratiquée, par tout un chacun. Depuis un demi-siècle, nombre d'émissions en ont fait et en font toujours la preuve. *Pépinot, Sol et Gobelet, Atome et Galaxies, Les Débrouillards, Bouledogue Bazar, Le Pirate Maboule, L'Évangile en papier, Le Monde de Charlotte, Watatatow, Tour de terre* et *La Course autour du monde,* pour n'en nommer que quelques-unes, n'ont-elles pas effectué cette « plongée dans l'élémentaire » dont parle Thomas Mann ? Ne nous ont-elles pas entraînés avec elles dans leurs prodigieuses profondeurs ? Tous ces délicieux moments de télévision doivent justement leur succès au fait qu'ils sont proches des « sources de la vie », qu'ils ont « osé ce que d'autres n'ont pas eu le courage d'entreprendre ». Rien de particulièrement spécifique au jeune âge dans tout cela.

Et puis, comme preuve, au fond, que rien de la jeunesse ne s'éteint : aujourd'hui comme hier, nombre d'émissions jeunesse de Radio-Canada comptent, parmi leur plus fidèle auditoire, des téléspectateurs ayant largement dépassé le stade de l'adolescence. C'est facile à comprendre. La jeunesse nous pousse en avant. En avant, c'est-à-dire non pas vers la fin, mais au contraire vers le commencement de toute chose : être jeune, c'est vouloir commencer. Qu'on ait 20 ans ou 80 ans.

Laissons à d'autres le soin d'établir les douteuses associations entre jeunesse et temps écoulé. Un jour viendra, de lui-même et bien assez tôt, où nous serons forcés de manger les pissenlits par la racine. D'ici là,

198 demeurons les jeunes gens que nous ne devrions jamais cesser d'être. Et qu'importe si les années nous extorquent au passage quelques attributs physiques. Certes, comme disait le poète :

> *Avec le temps*
> *Nous retournons*
> *À notre état premier*
> *De pissenlits*
> *La preuve*
> *Nos cheveux blancs*
> *Dispersés aux quatre vents*

Mais que ces cheveux-là ne soient pas, sur nos têtes, le drapeau blanc de la reddition !

Savoir capter et retenir l'attention des jeunes constitue un art à part entière. Peu l'ont appro-fondi autant que Michel Cailloux (Michel le magicien), créateur de Bobinette, qui a signé les textes de *Bobino* pendant un quart de siècle, ainsi que ceux de *Nic et Pic* et de plusieurs autres émissions. Le 14 juillet 1973, dans *Le Journal de Montréal,* il révélait une partie du secret de *Bobino :* « Je dirais que le but premier est d'abord de distraire les enfants. En second lieu, on pourrait parler d'une recherche de vocabulaire : j'essaie d'intégrer de nouveaux mots mais de façon très sommaire, sans que les enfants s'en aperçoivent, sans que cette recherche soit lourde

200 **POUR TOUT-PETITS SEULEMENT. SEULEMENT ?**

pour eux. Finalement, je dirais que je poursuis un but moral : à savoir que le bon droit triomphe toujours. Je travaille au moins huit heures sur chacun des textes de *Bobino ;* chacune des paro-les est calculée. C'est une responsabilité très grande que d'adresser quotidiennement la parole aux enfants. »

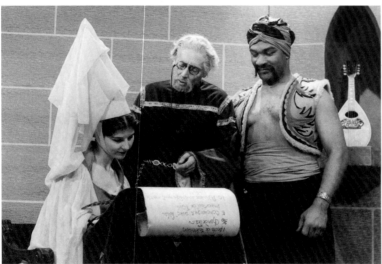

LE GRENIER AUX IMAGES
1952-1957

AUTEURES

Françoise Faucher et Alec Pelletier

EN VEDETTE

Lise L'Heureux, Grand-père Cailloux (André Cailloux) et Percy Rodriguez

Une émission pour les tout-petits qui n'a cessé d'évoluer au cours de ses cinq ans d'existence. On y retrouvait d'abord Grand-père Cailloux et son lutin Frisson. Puis, aux propos de Grand-père Cailloux vinrent s'ajouter de petits films et d'autres personnages apparurent bientôt.

L'idée de cette émission est venue de la pièce de théâtre Picotine et Poignée de porte *(écrite par Michel Dumont), que Linda Wilscam avait montée et jouée en tournée, en 1970.*

PICOTINE

1972-1975

AUTEURS

Michel Dumont et Linda Wilscam

EN VEDETTE

Picotine (Linda Wilscam) et son chien Poildepluche

FON FON

1955-1962

EN VEDETTE

Maman Fonfon (Claudine Vallerand) et le chien Miki

D'une durée de 30 minutes à ses débuts, Fon Fon *passa plus tard à un format d'une heure. On avait craint au départ que l'attention des jeunes enfants ne soit difficile à retenir durant une heure. Mais le volumineux courrier reçu dans les semaines qui suivirent le changement prouva le contraire. En 1957, on reçut à l'émission près de 700 colis et 1 700 lettres !*

L'interprète de Maman Fonfon, Claudine Vallerand, avait fondé la première école maternelle de langue française en 1930, et l'avait dirigée pendant huit ans.

BOBINO

1957-1985

AUTEUR

Michel Cailloux

EN VEDETTE

Bobinette, adepte des pétards
à la farine, et son grand
frère Bobino (Guy Sanche)

*Un classique de la programmation
jeunesse à Radio-Canada. Comment
est né le personnage de Bobino ?
À Hull (aujourd'hui Gatineau),
il y a une soixantaine d'années,
vivait René Shea, un être attachant,
fantaisiste, bohème, amoureux
perpétuel. Ce diable d'homme
jouait du violon, racontait
inlassablement toutes sortes
d'histoires aux enfants. Guy Sanche,
alors âgé de sept ans, était l'un
de ces enfants. Bien des années
plus tard, c'est de René Shea
qu'il s'est souvenu — et inspiré —
lorsqu'il a créé Bobino.*

Dans sa version originale qui débuta en 1964, La Souris verte était le nom d'une maternelle où l'animatrice Claudia Lamarche (sœur de Pierre Thériault, alias Monsieur Surprise) accueillait les enfants et les invitait à chanter, à faire des rondes et de la rythmique. À partir de 1966, Iolande Rossignol, Claire Marcil et Claude Grisé lui prêtèrent main-forte, en plus de la comédienne Louisette Dussault, qui incarnait pour la première fois la célèbre souris aux grandes oreilles et qui allait devenir bientôt la vedette de l'émission.

LA SOURIS VERTE
1964-1971

EN VEDETTE

Louisette Dussault chantant :
Dix moutons, neuf moineaux,
huit marmottes, sept lapins,
six canards, cinq fourmis, quatre chats
et trois poussins, deux belettes et une
souris.... u-u-u-ne souris ve-er-te !

FÉLIX ET CIBOULETTE
1983-1989

AUTEURS

Louise Gamache, André Jean et Nicole-Marie Rheault

EN VEDETTE

Félix (Jean-François Gaudet) et Ciboulette

L'émission Félix et Ciboulette commença à l'été 1983, en remplacement estival de Bobino. Après un deuxième été en 1984, Radio-Canada décida d'intégrer l'émission à sa programmation jeunesse pour une première saison complète.

LES CHATOUILLES DU MATIN/LES CHATOUILLES

depuis 1993

EN VEDETTE

Stéphanie (Stéphanie Vecchio), la grande amie des tout-petits

D'amusants chatons, créés à l'ordinateur, donnent rendez-vous aux enfants pour leur présenter leurs émissions favorites. À partir de 1997, une animatrice (Stéphanie Vecchio) et plusieurs autres personnages (Pelouse la perruche, les voisins Bleuet, Tuyau et Déclic) se joignent à eux pour cette présentation.

LA BOÎTE À LUNCH

1997-2002

EN VEDETTE

Clafoutis mistigris ! Voici Charlie (Jean-Frédéric Poliquin) et Julie-Pier (Julie-Pier Meunier-Nadeau).

Destinée aux tout-petits, La Boîte à lunch a été récompensée par des prix prestigieux, comme le prix Média famille Gaston-Gauthier 1998 (Québec) et le prix Jeunesse international (Munich). Cette émission est en quelque sorte le miroir des préoccupations des enfants d'âge préscolaire et reflète aussi bien leur quotidien que leur imaginaire.

206 LES MARIONNETTES ONT-ELLES UNE ÂME ?

Si vous circulez au niveau B de la Maison de Radio-Canada à Montréal, ne manquez pas de saluer, près des ascenseurs, les dieux tutélaires de l'institution, qui jettent un regard bienveillant sur vous du haut de leurs 3 mètres. En effet, vous trouverez là non seulement des reproductions géantes de Pépinot et Capucine, mais aussi plusieurs des marionnettes originales de la série, imaginées par Jean-Paul Ladouceur (fondateur de JPL Productions) et confectionnées par Edmondo Chiodini.

Pépinot et Capucine sont nés et ont conquis le petit écran avant même l'ouverture officielle de la Télévision de Radio-Canada. Et ce duo demeure aujourd'hui l'un des symboles les plus durables de notre télévision publique. Pas mal, pour de simples marionnettes...

PÉPINOT ET CAPUCINE/PÉPINOT

1952-1958

AUTEUR

Réginald Boisvert

MARIONNETTES

Capucine et Pépinot

Les marionnettes les plus célèbres du petit écran. Des pionnières, aussi, puisque Pépinot et Capucine (rebaptisée Pépinot en janvier 1954) fut la première émission pour enfants à être diffusée au début de la période expérimentale à Radio-Canada (10 août 1952). Douze émissions furent vendues à la France, qui les diffusa du 3 octobre au 14 décembre 1957. Ce fut la première émission de CBFT vendue à l'étranger.

NIC ET PIC

1972-1977

AUTEURS

Michel Cailloux, Gaëtan Gladu
et Roland Lepage

MARIONNETTES

Les célèbres souris
voyageuses Nic et Pic

Après trois années de franc succès auprès des jeunes téléspectateurs d'ici, Nic et Pic entamait une carrière internationale en Belgique, en Suisse, en France, au Maroc et en Tunisie. Qui plus est, pour la première fois dans l'histoire de la Télévision française de Radio-Canada, un nombre important d'épisodes (29) d'une même série furent adaptés pour le réseau anglais de Radio-Canada. En 1977, Nic et Pic remportait le Prix de la meilleure émission pour enfants d'âge préscolaire, décerné par l'Institut de radiotélévision pour enfants, lors de la première édition d'un concours qui se tenait à Montréal.

208 SÉRIES ÉDUCATIVES : ALLÔ, LES ADOS !

La participation des jeunes, et particulièrement des adolescents, est le moteur véritable des séries dites « éducatives », et le courrier abondant que recevaient des émissions comme *La Vie qui bat*, *Bêtes pas bêtes +* ou *Les Débrouillards* est un indice indéniable de leur impact. En 1969, dans le cadre de l'émission *Atome et Galaxies*, quelque 5 500 jeunes ont ainsi pris part au *Jeu de l'ordinateur* en indiquant comment ils entrevoyaient l'avenir des sciences et technologies. L'ordinateur du Centre de calcul de l'Université de Montréal a compilé leurs réponses pour en arriver au consensus suivant :

Vers 1980

Création de la vie en laboratoire. Réalisation d'un cœur artificiel autonome. Implantation de colonies humaines sur la Lune. Enseignement par des méthodes électroniques ou chimiques. Mise au point d'un robot pour les travaux domestiques.

Vers 1990

Transport intercontinental par fusées orbitales. Production en manufacture des fruits et des légumes.

Vers 2000

Immortalité physique par congélation des organismes humains. Construction de villes sous-marines. Découverte d'un remède contre le vieillissement. Mise au point d'une pilule qui améliore la mémoire. Amélioration de l'espèce humaine par le contrôle de l'hérédité.

Après 2000

Communication avec une civilisation extraterrestre. Transplantation du cerveau. Système mondial de communication par télépathie. Envoi d'astronautes vers d'autres mondes habités. Régulation du climat et des conditions météorologiques.

Vers 2030

C'est maintenant à vous de jouer !

ATOME ET GALAXIES
1963-1974
ANIMATEUR

Le premier animateur de la série, Luc Durand

C'est à un public de 12 à 18 ans que s'adresse l'émission de vulgarisation scientifique Atome et Galaxies. À la lumière des théories, recherches et découvertes les plus récentes, une demi-heure d'exploration fascinante au cœur de l'astronomie, de l'astrophysique, de la biologie et de plusieurs autres sciences modernes. Au cours des 11 ans que dura l'émission, plusieurs animateurs se succédèrent : Luc Durand, Marcel Sicotte, Serge Lapointe, Raymond Charette et Jacques Houde.

LE ROMAN DE LA SCIENCE
1957-1960
EN VEDETTE

Les fausses découvertes. Joseph Henry (Jean-Claude Deret) en compagnie d'un assistant (Bertrand Gagnon).

Fernand Seguin a conçu, animé et scénarisé cette série classique présentant les plus grands moments de l'histoire des sciences. Rappelons qu'il a remporté, en 1977, la plus haute distinction qui soit en matière de vulgarisation scientifique : le prix Kalinga de l'UNESCO. Bertrand Russell, Jean Rostand et Konrad Lorenz sont d'autres lauréats célèbres de ce prix.

LA VIE QUI BAT
1955-1968
ANIMATEUR
Guy Provost

Les mœurs et habitudes des animaux, des insectes et des plantes d'ici et d'ailleurs, expliqués aux jeunes. Une émission à caractère scientifique qui n'en jouit pas moins d'une très grande popularité. La Vie qui bat a été animée par le comédien Guy Provost, puis par Harvey Paradis.

LES DÉBROUILLARDS
1991-2001, interruption en 1996-1997
ANIMATEURS
Gregory Charles et Marie-Soleil Tougas (1992)
PRODUCTION
SDA ltée et Zone3 IV inc.

Les Débrouillards, *ce n'est pas qu'une émission de télévision. C'est aussi : un magazine mensuel, tiré à 37 000 exemplaires et rejoignant plus de 150 000 enfants, parents et professeurs ; un site Web (plus de 1 000 visiteurs par jour) ; une chronique d'expériences diffusée par l'Agence Science-Presse dans la presse hebdomadaire régionale ; une quarantaine de livres, dont le premier s'est vendu à plus de 60 000 exemplaires ; un volet international regroupant une quinzaine de pays.*

BÊTES PAS BÊTES/BÊTES PAS BÊTES +

1989-1999

ANIMATEURS

1. *Bêtes pas bêtes + :* Bougonne (Sylvie Lussier) et Ness (Pierre Poirier), deux des innombrables personnages interprétés par les animateurs.

2. Pierre Poirier et Sylvie Lussier ont repris du service en Australie à l'occasion des Jeux olympiques de Sydney en 2000 en animant des capsules intitulées *Zoolympiques*.

Deux professionnels de la santé animale, Sylvie Lussier et Pierre Poirier, ont su partager leur passion pour les bêtes avec les jeunes... Ce faisant, ils ont rapidement démontré des talents étonnants de comédiens et d'auteurs.

212 PROPOS IMAGÉS (OU COMMENT RACONTER EN DESSINANT)

Il était une fois des lieux privilégiés où l'idéal d'un art total devint une réalité au service de l'imaginaire des enfants. Des séries comme *Klimbo* et *Iniminimagimo,* justement saluées par de nombreuses récompenses, ont su réaliser cette synthèse de la littérature, de la musique et des arts de représentation. La littérature, représentée par les contes qui constituent le fondement de ces émissions, alliée au dessin, au jeu théâtral et à la musique, composent une remarquable synergie. Il était une fois des images valant mille mots, au service d'histoires venues du fond des âges...

KLIMBO

1981-1984

AUTEURS

Marie-Francine Hébert,
Louise Lahaye, Louis-Dominique
Lavigne et Bernadette Renaud

EN VEDETTE

Le dessinateur et animateur
Kliment Dentchev

Cette émission a vu le jour en Bulgarie, où elle a fait fureur auprès des enfants. Klimbo, le comédien Kliment Dentchev, illustrait ses histoires fabuleuses sur une vitre qu'il plaçait en face de la caméra. À l'automne 1981, on confia à une maison d'édition québécoise la publication en album des textes et des dessins de chaque épisode de Klimbo. Ce qui évita peut-être aux parents d'ici le petit problème observé au sein des familles bulgares : les enfants, là-bas, s'étaient tellement identifiés à Klimbo qu'ils dessinaient aussi sur les vitres... celles des fenêtres de leur maison !

INIMINIMAGIMO

1987-1989

AUTEURS

Marie-Francine Hébert, Maryse Pelletier, Claude Roussin et Linda Wilscam

EN VEDETTE

Le Nouvel Habit de l'empereur avec Joël Legendre, Louise Lavoie, Dominic Philie et Christine Séguin

Iniminimagimo *ne manquait pas de rétablir certains faits concernant les contes traditionnels de notre enfance. Ainsi, savait-on que dans le conte du* Petit Chaperon rouge, *c'est le père de la fillette — et non sa mère — qui envoie celle-ci porter un panier chez sa grand-mère ? À* Iniminimagimo, *on le savait, et... on l'a dit !*

214 ÇA VOUS DIRAIT DE VOIR MES DESSINS ANIMÉS ?

Depuis une vingtaine d'années, à la Télévision de Radio-Canada, les matins du week-end appartiennent aux jeunes fervents des « p'tits bonshommes » ! Tous peuvent en effet se régaler des meilleurs dessins animés produits au Canada, aux États-Unis, en Europe ou au Japon. Ils sont accueillis chaque semaine par des amis. Chaleureux ou facétieux, sobres ou hauts en couleurs, toujours eux-mêmes ou incarnant une multitude de personnages, tous ces hôtes du samedi et du dimanche ont un point en commun : la relation privilégiée qu'ils ont su très rapidement établir avec leur jeune public.

SAMEDI-JEUNES
1982-1991
ANIMATRICES
1. Lise Marchand
2. Élizabeth Gagnon

À partir de 1982, à Radio-Canada, les émissions du samedi matin destinées aux jeunes étaient regroupées sous une seule enseigne : Samedi-jeunes. Leur présentation, effectuée à chaque début de segment, fut confiée à une animatrice. Une période de quatre heures et demie comprenant des titres bien connus, tels Grangallo et Petitro, Capitaine Caverne, Candy, etc.

LA PUCE À L'OREILLE

1985-1989

ANIMATEUR

François Pratte

Le dimanche matin, l'animateur François Pratte s'est donné pour mission de divertir les jeunes dès leur lever, de les instruire aussi, en leur proposant de passer ces premières heures de la journée de façon créatrice.

DÉCLIC

1989-1991

ANIMATEUR

Luc Senay

Déclic est en quelque sorte le digne successeur de La Puce à l'oreille.
En 1989, le dimanche matin, Luc Senay accueillait les jeunes de 7 h 30 à 9 h 45.
En plus de leur présenter des émissions amusantes, il évoquait pour eux une foule de sujets piquant leur curiosité.

216

BOULEDOGUE BAZAR

1995-2002

EN VEDETTE

Un tandem haut en couleur !
Max (France Parent) et
Jules (Charles Gaudreau)

*Les samedis et dimanches matin,
pour agrémenter les pauses entre
les dessins animés, un chien
bouledogue et une foule de
personnages, le plus souvent
hurluberlus, entrent en ondes !
L'émission* Bouledogue Bazar,
*pleine de folie et d'audace,
propose jeux, concours,
chroniques, capsules, clips,
activités et sketchs amusants.*

VAZIMOLO

1991-1995

EN VEDETTE

André Robitaille dans le personnage
de Boudichon. Talut !

*Plusieurs adultes demeurent jeunes
de cœur et d'esprit. La preuve :
en 1993, des 512 000 habitués
de Vazimolo, plus de 200 000
étaient âgés de plus de 18 ans.*

À l'époque où les petits baby-boomers emplissaient les ruelles et les cours, sous l'œil sévère et la main leste de leurs mamans (rappelez-vous le savoureux monologue d'Yvon Deschamps!), tromper la solitude ne figurait pas bien haut dans la liste des motivations des jeunes téléspectateurs. Mais il en va tout autrement de nos jours. Aussi, Manuel, Patricia, Élyse et Katerine-Lune, hôtes des émissions d'accueil traitées dans cette page, jouent auprès des jeunes un rôle important, ne se contentant pas de présenter des émissions, si captivantes soient-elles...

AU PROGRAMME CET APRÈS-MIDI... 217

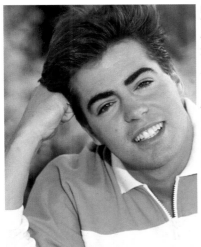

EN TRANSIT
1989-1991

ANIMATEUR

Manuel Hurtubise

Du lundi au vendredi, En transit présente au jeune public les émissions de fin d'après-midi. Mais on y fait aussi tirer des prix. Et, pour joindre l'utile à l'agréable, on y aborde divers sujets qui intéressent les jeunes et on commente l'actualité.

0340
depuis 1992

ANIMATRICES

1. Patricia Paquin
2. Élyse Marquis
3. Katerine-Lune Rollet

0340, ce sont les quatre derniers chiffres du numéro de téléphone que les jeunes doivent composer pour communiquer avec l'équipe d'En transit. Et à Radio-Canada, les appels des jeunes étant de la plus haute importance, on a donné à l'émission le nom de 0340!

218 LA BELLE AVENTURE DE *LA BOÎTE À SURPRISE...*

Quelle est la nature véritable de Monsieur Surprise et la clé de son succès ? Pierre Thériault a bien voulu se confier au journaliste Rudel-Tessier de *La Presse,* dans une longue entrevue parue le 20 octobre 1965, dont voici quelques extraits : « C'est formidable d'être un moment tous les jours, presque tous les jours, une sorte de dieu qui fait naître au bout de son doigt des personnages qui s'appellent Fanfreluche, Maboule, et autres. C'est merveilleux d'être soi-même un personnage merveilleux et d'être entouré de personnages merveilleux dans un monde où il n'y a que nous et les enfants qui croient en nous. » Plus loin, Thériault rend hommage à l'un des grands responsables de la magie de l'émission, celui qui en a toujours composé la musique et les chansons. « Herbert Ruff (Oncle Herbert), par exemple, n'est pas seulement un musicien extrêmement habile. C'est aussi un être exquis, capable encore de s'émerveiller tous les jours. C'est peut-être notre public en même temps que notre plus précieux collaborateur. » Et sur Monsieur Surprise lui-même : « Vous savez, je n'ai pas créé ce personnage de Monsieur Surprise... Monsieur Surprise est une création de l'imaginaire des enfants. Pour que Monsieur Surprise existe, il fallait que les enfants l'imaginent, l'inventent. C'est pour cela que j'en parle quelquefois comme s'il était hors de moi... Cela me permet de le prendre très au sérieux. »

EN VEDETTE

Surprise, surprise! Monsieur Surprise
en personne (Pierre Thériault)

La Boîte à Surprise a été diffusée pour la première fois
le 5 décembre 1956. Elle a refermé son grand livre à la fin de
la saison 1967-1968, mais ses émissions les plus populaires
(Fanfreluche, Sol et Gobelet, etc.) ont poursuivi leur carrière
sous leur propre nom.

Il n'est pas étonnant que La Boîte à Surprise demeure le symbole par
excellence de notre télévision dans les années 1960, quand on considère
l'incroyable collection de talent réuni autour de ce rendez-vous quotidien, qui servait
de « case d'accueil », pour employer ce néologisme, à une multitude
de séries dramatiques, dont plusieurs sont devenues légendaires, à l'instar de La Boîte
à Surprise. Mais on n'oubliera pas non plus que Guy Mauffette a aussi associé
sa poésie et sa fantaisie à l'émission qu'il a animée au début des années 1960.

220

FANFRELUCHE

1956-1971

AUTEURE

Kim Yaroshevskaya

EN VEDETTE

La poupée Fanfreluche (Kim Yaroshevskaya)

Fanfreluche est une poupée. Elle possède un grand livre de contes un peu magique, qu'elle ouvre chaque semaine pour son jeune public. Quand une histoire ne lui plaît pas, Fanfreluche entre dans le livre et change le cours des événements. Ainsi, pour elle comme pour nous, tout devient possible...

PICOLO

1956-1971

AUTEUR

Paul Buissonneau

EN VEDETTE

Pantalon (Yves Massicotte) et Picolo (Paul Buissonneau) dans une fâcheuse position

Dans sa version originale, le petit clown Picolo chante, mime, illustre des chansons de folklore et redonne vie à des personnages de contes célèbres ainsi qu'à des poètes. Les nouveaux épisodes, à partir de 1968, nous le montrent tout aussi charmeur, pétillant et espiègle, mais entouré cette fois de joyeux compagnons : Colombine, Pantalon, le docteur, le capitaine de police.

SOL ET GOBELET
1956-1971
AUTEURS
Luc Durand et Marc Favreau
EN VEDETTE
Ouille alors ! Sol (Marc Favreau) et
Gobelet (Luc Durand) sont de drôles de pistolets !

À l'origine, Sol eut Bim (Louis de Santis) pour compagnon, puis ce fut Bouton (Yvon Dufour). Mais l'arrivée de Gobelet marqua un tournant, et ce nouveau couple de clowns connut la gloire au petit écran. À un certain moment, près d'un million de téléspectateurs regardaient Sol et Gobelet chaque semaine. Chaque édition de Sol et Gobelet portait un titre qui donnait le ton de l'émission. En voici des exemples : Zorro et l'infini, Je penche donc je suis, De pire en piranha, La Gare rage, La Douche vie, Le Beau Nanza, Un satané nez, La Statue erre, etc.

LE PIRATE MABOULE
1956-1971

AUTEUR

Jacques Létourneau

EN VEDETTE

Il est malin, le pirate Maboule !
(Jacques Létourneau)

Le Pirate Maboule *fut assurément
l'une des émissions pour enfants
les plus populaires de son époque.
L'auteur et interprète du rôle-titre,
Jacques Létourneau, a écrit pas
moins de 200 textes d'une
demi-heure pour cette série.*

224 **... ET AUTRES FOLIES DOUCES**

À la fin de la carrière de *La Boîte à Surprise*, plusieurs des personnages merveilleux qu'elle accueillait ont pris leur envol dans leurs propres émissions. Mais il ne faudrait pas oublier toutes les autres émissions qui, prêtant à d'inoubliables personnages le talent de quelques-uns de nos meilleurs comédiens, ont émerveillé les jeunes à la même époque.

GRUJOT ET DÉLICAT
1968-1971
AUTEUR
Jean Besré
EN VEDETTE
Le maire de Saucissonville, Grujot (Lise Lasalle), à droite, et son acolyte, Délicat (Gisèle Mauricet)

Saucissonville. Qui ne se souvient pas de cet endroit un peu magique où Grujot et Délicat vivaient des aventures souvent incroyables, mais toujours sans gravité ? Certains de leurs amis non plus ne sont pas près de s'effacer de nos mémoires. Rappelez-vous : Tommie l'Écossais, Sourdine, Chatonne...

Autour du clown Paillasson (inoubliablement interprété par le regretté Jean-Louis Millette), Mandibule, Bedondaine, Friponneau, Dame Plume, Prunelle et Giroflée composent la petite troupe de La Ribouldingue.

LA RIBOULDINGUE

1968-1971

AUTEURS

Roland Lepage, Jean-Louis Millette et Marcel Sabourin

EN VEDETTE

Une ribambelle de fous !
Friponneau (André Montmorency),
Dame Plume (Denise Morelle),
Cacahuète (Gisèle Mauricet),
Monsieur Bedondaine (Roland Lepage)
et Paillasson (Jean-Louis Millette)

LES CARNETS DU MAJOR PLUM POUDING

1969-1973

AUTEUR

Jacques Létourneau

EN VEDETTE

Bibiane (Françoise Lemieux), l'agent secret de l'Interbol Aristide Cassoulet (Gaétan Labrèche) et le major Plum Pouding (Yves Létourneau)

Plum Pouding (officier retraité des services de contre-espionnage de Sa Majesté) défend l'aristocratie anglaise. Son rival, Aristide Cassoulet (agent ultrasecret de l'Interbol), plaide quant à lui pour la noblesse française. C'est avec toute la ferveur que leurs convictions respectives exigent qu'ils s'affrontent...

L'art de Claude Lafortune sait prendre tour à tour une dimension théâtrale, poétique ou spirituelle, considérant avec autant d'inspiration des textes bibliques ou la fantaisie zoologique du *Carnaval des animaux.* Des œuvres au diapason de l'imaginaire des enfants... et des grands qui savent encore s'émerveiller.

« Je suis parti d'un jeu, comme les enfants qui jouent aux poupées et aux soldats, mais au lieu de faire des marionnettes sans expression, j'ai prêté mon expression à ces personnages qui sont de papier... Je m'amuse, c'est moi qui suis triste ou gai, c'est beaucoup plus qu'un spectacle de

226 CLAUDE LAFORTUNE, BRICOLEUR DE GÉNIE

marionnettes. C'est un jeu comme les enfants en font... on s'imagine que la fantaisie appartient aux enfants. Cela appartient à tout le monde. Parce que ce sont des choses en papier, fraîches et amusantes, on dit que c'est le monde des enfants, mais dans le fond, nous les adultes, on s'amuse autant à regarder cela, mais on a peur de se laisser aller à la poésie et à cette fantaisie qu'on donne aux enfants... Avec du monde trop sérieux ou trop adulte, je me sens comme avec mes oncles. »

Extrait d'une entrevue de Claude Lafortune à
TV Hebdo, à l'époque de *L'Évangile en papier*

**DU SOLEIL
À CINQ CENTS**
1974-1976
ANIMATEUR
Claude Lafortune

L'ÉVANGILE
EN PAPIER
1975-1976

PARCELLES
DE SOLEIL
1988-2000

LE CARNAVAL
DES ANIMAUX
25 décembre 1978
COMPOSITEUR
Camille Saint-Saëns

HUMOUR ET DÉLIRE

Ils ne sont plus des enfants, mais pas encore des ados. Ils ont un pied dans un monde et un dans l'autre. Ils composent un public très particulier, à la fois exigeant et vulnérable. Pour vraiment entrer en contact avec eux, l'humour, le délire sont peut-être les meilleurs atouts, surtout s'ils sont pratiqués par des auteurs inspirés et des comédiens pleins de ressources.

Bienvenue dans un monde où la tristesse n'est pas permise, et où la démesure est de rigueur !

LA FRICASSÉE
1976-1977

AUTEURS

Jean-Pierre Plante, Serge Thériault, Raymond Plante et Jacqueline Barrette

EN VEDETTE

Le chef cuisinier (Denis Mercier) se confie à une serveuse (Muriel Dutil).

Pendant deux ans, les jeunes ont pu bénéficier d'un spectacle total mariant théâtre, chanson, sketchs. Une sorte de mini Bye Bye *hebomadaire faisant appel au talent de comédiens (Pierre Curzi, Michèle Deslauriers, Muriel Dutil, Denis Gauthier, Claude Maher, Denis Mercier, Marc Messier, Lorraine Pintal et Serge Thériault) et d'auteurs appelés à faire une grande marque dans le monde du théâtre et de l'humour.*

MINIBUS

1983-1988

AUTEUR

Raymond Plante

EN VEDETTE

Gerry Leduc, Jean-Pierre Chartrand, Pauline Martin,
Joe Bocan, Rémy Girard, Julie Vincent

*Deux parties composent cette
émission : d'abord, des sketchs
présentés sur écrans géants (appelés
« Télébus »). Puis, des jeux en direct,
avec la participation des enfants
présents sur le plateau de télévision.
Le tout illustre un thème, mis de
l'avant à chacun des épisodes.*

229

POP CITROUILLE

1979-1983

AUTEURS (PRINCIPAUX)

Jacqueline Barrette, Isabelle Doré,
Daniel Jasmin, Gilbert La Rocque,
Jean-Pierre Plante, Raymond Plante,
Suzanne Richer-Drouin, Francine Ruel,
Jacques Sénéchal et Jean-Yves Soucy

EN VEDETTE

Un quatuor qui a bien des cordes
à son arc : Denyse Chartier,
André Cartier, Ghyslain Tremblay
et Michèle Deslauriers

*Rires garantis ! Une fillette nommée
Citrouille et son ami, le robot Pop,
invitent les enfants de 10 à 15 ans
à vivre avec eux les expériences les
plus fantaisistes. À partir de 1980,
l'émission subira de légères
transformations et s'inspirera
davantage de situations de la vie
courante des adolescents : l'école,
les parents, la publicité, le cinéma,
la difficulté de communiquer, etc.*

232

Une rencontre du troisième type du plus haut comique. En 1967, Ginette a été kidnappée par des extraterrestres et emmenée sur la planète T-ZKO. Des années plus tard, Manuel, un Terrien, entre en contact avec Fléonard, habitant de la curieuse planète et petit-fils de Ginette... Ce dernier et sa famille viennent s'installer à côté de chez lui, espérant trouver le secret du GFN (Gros Fun Noir)

2 1

AYOYE !

depuis 2001

AUTEURS

Joanne Arseneau, Pierre-Yves Bernard, Marie Perreault, Louise Roy, Claude Landry, Claude Paquette, Jean Pelletier, Andrée Lambert, Sylvie Pilon, Isabelle Doré, Mathieu Plante

EN VEDETTE

1. Les Ayoyiens. La famille Bacon : Fléonard (Patrick Drolet), Navette (Isabelle Brouillette), Déli (Salomé Corbo) et Spoutnik (Martin Héroux).

2. Manuel dit Man (Julien Bernier-Pelletier)

PRODUCTION

Téléfiction Productions inc.

On a vu naître bien des enfants dans l'histoire du téléroman québécois et on en a aussi vu grandir quelques-uns. Il y en a même un, Bouscotte, qui a donné son nom à la série dont il était l'une des vedettes. Mais rarement a-t-on vu des œuvres dramatiques traduire le monde à travers le regard et les réflexions d'un enfant. Une perspective unique qui mérite l'attention.

AUTOUR D'UN JEUNE PERSONNAGE 233

RUE DE L'ANSE

1963-1965

AUTEURE

Jovette Bernier

EN VEDETTE

La mère et le fils de la famille Joli : Ange-Aimée (Gisèle Schmidt) et Yves (Daniel Gadouas)

« Pour moi, pas question d'en faire une carrière. Je veux m'orienter vers les maths, les sciences, et peut-être l'architecture. »
Daniel Gadouas, 14 ans (qui jouait le rôle du fils dans *Rue de l'Anse,* en 1963)

LE MONDE DE CHARLOTTE

depuis 2000

AUTEURS

Richard Blaimert, assisté de Danielle Dansereau, Isabelle Langlois, Bernard Dansereau et Annie Piérard

EN VEDETTE

La famille Ducharme-Langevin. Éric (Émile Mailhiot), Françoise (Marie-Thérèse Fortin), Louis (Henri Chassé) et Karine (Bianca Gervais) entourent Charlotte (Catherine Brunet).

PRODUCTION

Sphère média +

Le fait que Charlotte consulte un psychologue sur une base régulière étonne et fait beaucoup parler. Ce à quoi l'auteur Richard Blaimert rétorque : « Je me demande pourquoi un enfant de huit ans n'aurait pas le droit d'avoir un psychologue comme guide. On ne visite pas seulement un psychologue parce qu'on a des problèmes majeurs à régler. Dans la vie, on entretient bien nos voitures, mais je trouve qu'on entretient mal nos âmes... »

234 **LES JEUNES DANS LES TÉLÉROMANS : TROIS ÉPOQUES, TROIS GÉNÉRATIONS**

1960

« Montrer le vrai visage des jeunes, avec leurs tourments, leurs problèmes : c'est ce que je vise à *Jeunes Visages*. J'essaie de sortir du stéréotypé, sans vouloir faire de sensationnalisme, en m'attaquant à des problèmes extérieurs de société. Je ne les envisage pas en tant que problèmes, mais j'essaie de les étudier au naturel, sans charger inutilement. »

Alec Pelletier, auteure de *Jeunes Visages*

1976

« En résumé, nous avons voulu détruire cet ancien cliché des enfants dépendants de leur famille ou des adolescents qui quittent leur foyer pour mener une vie dévergondée. À la place, nous installons l'image plus réelle des jeunes de 17-30 ans qui se suffisent à eux-mêmes, se battent pour survivre, se débrouillent seuls dans la vie d'une manière intelligente. »

Normand Gélinas, coauteur d'*Avec le temps*

2001

« Deux mille personnages, 864 épisodes, des prix à la pelle. Après 10 ans, le téléroman *Watatatow* bat des records et ébranle les tabous. Même qu'il effraie les diffuseurs étrangers... Johanna Drescher, une Allemande de 19 ans, a été si impressionnée par *Watatatow* lors de son séjour au Québec, il y a deux ans, qu'elle vient de choisir l'émission comme sujet de mémoire pour entrer à l'université : " L'audace m'a fascinée : en Allemagne, une Émilie Laurin, adolescente rockeuse et mère célibataire, ne passerait jamais dans un téléroman pour jeunes ! " Au Québec, ça passe ! *Wata,* comme disent les ados, attire 500 000 fidèles. »

Ainsi commence le substantiel article de Danielle Stanton dans *L'Actualité* de mai 2001, tentant d'expliquer le succès phénoménal de *Watatatow.*

JEUNES VISAGES

1959-1961

AUTEURE

Alec Pelletier

EN VEDETTE

René (Jacques Bilodeau) et Mireille Spénart (Margot Campbell)

AVEC LE TEMPS

1974-1977

AUTEURS

Louise Matteau et Normand Gélinas

EN VEDETTE

Julie (Véronique Le Flaguais), Pierre (Robert Maltais),
François (Normand Gélinas), Danielle (Louise Matteau) et Ghislain
(Marc Messier) dans les locaux de *La Boîte à tout l'monde*

236

WATATATOW

depuis 1991

IDÉE ORIGINALE

Jean-Pierre Morin

EN VEDETTE

1. Watatatow – l'an 1.
À l'arrière, Raphaël (Ruddy B. Éloi),
Bérubé (Félix-Antoine Leroux),
Tania (Dong Thuy Hoang), Yan (Serge
Pilotte), Yves (Robert Brouillette),
Jonathan (Nicholas St-Pierre), Martin
(Étienne de Passillé), Marie-Claude
(Catherine Sénart). À l'avant, Michel
(Hugo St-Cyr), Miguel (Miguel San-
chez), Stéphanie (Karine Pelletier) et
Pascale (Marie-France Monette)

2. Watatatow – l'an 5
Émilie Laurin (Élyse Aussant)

3. Watatatow – l'an 5
Vincent (Michel Goyette) et
Camille (Sandra Dumaresq)

PRODUCTION

Spectel Vidéo et Publivision,
Les Productions JBM inc. Vivaclic, inc.

Coureurs de bois sans peur mais pas toujours sans reproche, les Radisson, Michel LeNeuf et Ouragan fascinent les jeunes par leurs exploits et par l'indépendance de leur caractère. Profondément attachés à leur terre, ils refusent d'être les valets des intérêts européens, fussent-ils français...

RADISSON
1965

AUTEUR
John Lucarotti

EN VEDETTE
Jacques Godin dans le rôle-titre

« Je ne crée pas un héros imaginaire, mais j'essaie de décrire un homme extraordinaire dont les exploits quotidiens sont plus excitants que n'importe quelle légende. Car la découverte et l'exploration du Canada constituent une épopée véritablement fantastique, susceptible de passionner tous les Canadiens. »
John Lucarotti,
auteur de la série *Radisson*

LE COURRIER DU ROY

1958-1961

AUTEUR

Réginald Boisvert

EN VEDETTE

Michel LeNeuf (Albert Millaire) et son ami Kiwi (Jean-Pierre Morel)

238 *En 1755, la Nouvelle-France connaît une période trouble. En ces moments critiques, alors que les Anglais sont aux portes du territoire, le courrier du Roy, Michel LeNeuf, sillonne la campagne, porteur des messages du gouverneur. Ce travail fait de lui le témoin privilégié de la vie difficile des premiers colons, des coutumes indiennes et des luttes qui déchirent le peuple.*

OURAGAN

1959-1962

AUTEURS

Paul Alain, Bernard Letremble, Louis Morisset et Jean-Louis Roux

EN VEDETTE

Ouragan (Lionel Villeneuve)

En 1719, la France tente, non sans difficultés, de faire de la Nouvelle-Orléans la porte d'entrée du sud de la Nouvelle-France. Mais confusion et misère règnent, faisant obstacle à cette ambition. Cependant, à force de volonté, les Canadiens se regroupent et, autour de Jean-Baptiste De Bienville, font se développer la colonie jusqu'à un degré de prospérité étonnant.

Les émissions réunies ici appartiennent à un autre âge de la télévision. On ne pourrait plus, de nos jours, faire évoluer de façon crédible des séries d'aventures avec des moyens aussi limités. Aurions-nous perdu en imagination ce que nous avons gagné en technique ?

SUSPENSE ET AVENTURES

OPÉRATION MYSTÈRE
1957-1961

AUTEUR

Léon Dewinne

EN VEDETTE

Paul Gauthier dans le rôle d'un extraterrestre

Opération mystère est avant-gardiste : on y a recours à de nombreux « effets spéciaux », encore peu utilisés à l'époque. Ces fameux « effets spéciaux » étaient le fruit de divers procédés, allant de la surimpression jusqu'à l'utilisation d'un objectif prismatique (pour obtenir des perspectives oscillantes), en passant par l'oscillateur électronique, qui lançait un son saisissant et créait l'illusion de l'immensité spatiale...

CF-RCK fut d'abord lancée et présentée comme une histoire familiale.
La série prit cependant son véritable... envol lorsqu'elle mit le cap sur l'aventure
autour de l'équipe formée par le pilote Louis Corbin et le mécanicien Victor Gendron,
souvent appelés à partager les enquêtes de l'inspecteur Taupin.

240

CF-RCK

1958-1962

AUTEURS

Jean Laforest, Marcel Cabay,
Gilles Carle, Marcel Dubé,
Claude Fournier, Guy Fournier,
Roger Garand, Maurice Giroux,
Jacques Létourneau, Lucien Marleau,
Louis Portuguais, Marcelle Racine
et Gilles Rochette

EN VEDETTE

L'inspecteur Taupin (Émile Genest),
le mécanicien Victor Gendron
(René Caron) et le pilote
Louis Corbin (Yves Létourneau)

LES ENQUÊTES JOBIDON

1962-1966

AUTEURS

Paul Alain, Albert Brie, Marcel Cabay, Gilles Carle, Guy Fournier, Roger Garand,
Jacques Létourneau, Louis Portugais et Gilles Rochette

EN VEDETTE

Le détective Émile Rondeau (Yvon Dufour)
et son partenaire Stanislas Léveillée (Marc Favreau)

Dans la ville de Québec, où se situe son agence privée, Isidore Jobidon guide
d'une main ferme ses deux employés, des détectives fort dissemblables mais
on ne peut plus efficaces. L'un, Émile Rondeau, est bonasse et lymphatique.
L'autre, Stanislas Léveillée, est nerveux et impétueux. Nous suivons, au fil
de leurs enquêtes, leurs aventures à la fois cocasses et tragicomiques.

Au cours des années 1960 et 1970, un irrésistible sens de la fête est au cœur des émissions jeunesse les plus populaires de la fin de semaine. Effectuant un reportage dans les coulisses de *Tour de terre*, en 1970, Estelle Maltais, de *TV Hebdo*, conclut : « Après avoir été plongée pendant un moment dans l'atmosphère enchantée et combien stimulante de *Tour de terre*, je n'avais qu'un regret : pourquoi ne met-on pas ainsi tout son cœur à la réalisation des émissions dites pour adultes ? » Quelques années auparavant, *Domino* offrait une véritable fête à quelque 600 enfants réunis à l'auditorium du collège Saint-Laurent.

LES CHAMPIONS DU WEEK-END 241

DOMINO

1957-1962

EN VEDETTE

Claude Léveillée, Jacqueline Vézina et Jacques Zouvi

TOUR DE TERRE

1964-1972

EN VEDETTE

Jean Besré et Lise Lasalle

Pendant plus de 20 ans, des centaines d'équipes d'élèves de secondaire V, provenant de toutes les régions du pays, ont participé chaque année à *Génies en herbe*. Ces valeureux quatuors luttaient pour le championnat de leur région leur donnant le droit de participer à la série nationale et, peut-être même, dans les dernières années du jeu, à la série internationale. Pendant près de 10 ans, des milliers de jeunes ont fait la demande de formulaires de participation aux diverses émissions dont le nom commençait invariablement par *La Course (autour du monde, des Amériques, Amérique-Afrique, Europe-Asie, destination monde)*. Des centaines de personnes ont

Défis

rempli chaque année ce dossier exigeant dans l'espoir d'entreprendre un voyage à la fois exaltant et épuisant. Les jeunes ont répondu en grand nombre et avec brio aux beaux défis lancés par la Télévision de Radio-Canada. Leurs multiples expériences ont fait l'objet d'émissions passionnantes au petit écran, mais ont sans doute apporté beaucoup plus encore. Nombreux sont les anciens de *La Course* qui s'illustrent aujourd'hui notamment dans le monde du cinéma, du journalisme et des communications.

LA COURSE DESTINATION MONDE
1991-1999

PARTICIPANTS

Les concurrents de 1992-1993. À l'arrière, Simon Dallaire, Patrick Demers, Philippe Farlardeau, Pierre Deslandes. À l'avant, Manuel Foglia, Violaine Gagnon, Marc Roberge, Sophie Bolduc.

Assurément l'une des plus grandes réussites conjointes des télévisions francophones, La Course autour du monde permettait à deux concurrents de Belgique, de France, de Suisse et du Canada de se lancer à l'aventure aux quatre coins de la planète. En 1988, le réalisateur Jean-Louis Boudou, lui-même un ancien de La Course, a fait revivre le concept pour le bénéfice des seuls Canadiens. Ainsi, chaque année, huit concurrents ont pris part à l'aventure de La Course des Amériques, La Course Amérique-Afrique, La Course Europe-Asie puis, enfin, La Course destination monde.

GÉNIES EN HERBE

1973-1997

ANIMATEURS

1. Serge Arsenault

2. Marc Fillion

3. Michel Benoît

4. Jean Moreau et Pierre McNicoll

5. Claude Deschênes et Élaine Lauzon

6. Martin Gélinas

Au fil des années, la formule de Génies en herbe s'est constamment bonifiée. À partir de 1986, elle prit même une tournure internationale avec la présentation d'une première série Canada-France, puis d'une série opposant les équipes championnes de sept pays francophones. L'émission a largement débordé l'univers de la télévision et fut adoptée par le monde scolaire alors que des milliers d'écoles et de collèges d'un bout à l'autre du pays prenaient part à divers tournois.

244 LE TEMPS DES IDOLES

Que de souvenirs ! Que d'images séduisantes ! Que de jeunes ! Que de couleurs ! Elvis, les débuts du rock and roll, l'âge d'or des boîtes à chanson, les Beatles, les yé-yé, les groupes de toutes les tendances et de tous les déguisements, le temps des fleurs, le disco, le grunge, le métal, la techno-pop, le rap et le hip-pop... Et, bien sûr, toutes ces vedettes qu'on imite et qu'on admire, à commencer par les animateurs et les animatrices des émissions musicales dans le vent, présentées au fil des ans à la Télévision de Radio-Canada...

JEUNESSE OBLIGE
1963-1968

ANIMATEURS
Guy Boucher et Mariette Lévesque

Diffusée six fois la semaine, l'émission adopte chaque jour un ton différent : Le Club des Jnobs le lundi ; Musique classique le mardi ; Savoir-faire le mercredi ; Boîte à chanson le jeudi, etc. Que signifiait le mot «jnob» ? Tout simplement des adolescents qui s'intéressent à tout : des chansonniers à la musique yé-yé, en passant par l'actualité politique ou le sport. Du strict point de vue étymologique, « Jnob » est aussi une version remaniée de l'expression « Jeunesse oblige ».

LE CLUB DES AUTOGRAPHES

1957-1962

EN VEDETTE

Margot Lefebvre, Fernand Gignac, Michel Brouillette et l'animateur Pierre Paquette (1961)

À la fin de 1957, Radio-Canada lançait ce qui allait devenir, avec L'Heure des quilles, son plus incontestable succès de l'époque : Le Club des autographes. Quelques mois après ses débuts, on intégrait à l'émission une activité qui fit fureur : les leçons de danse au petit écran.

246

DONALD LAUTREC « CHAUD »

1969-1972

ANIMATEUR

Donald Lautrec

Le but du très populaire et animé Donald Lautrec « chaud » était de présenter aux jeunes, dans un contexte dynamique et fantaisiste, les vedettes de la chanson populaire. Pour cette émission, un seul animateur, lui-même vedette incontestée, le toujours « cool » et chaleureux Donald Lautrec.

FLEURS D'AMOUR, FLEURS D'AMITIÉ

été 1968

ANIMATEURS

Des animateurs planants, Nanette Workman et Tony Roman

Animateurs : Tony Roman et Nanette Workman. Ambiance : musique populaire, invités d'importance, danseuses à couper le souffle, piste de danse pour le public. Atmosphère : complètement chavirée. Les invités de la toute première émission ? Céline et Liette (Lomez) ainsi que les découvertes du récent Gala des artistes : Donald Lautrec et Adamo.

LA FUREUR
depuis 1998
ANIMATRICE
Véronique Cloutier
PRODUCTION
Guy Cloutier Productions

Ce qui, à l'été 1998, ne devait durer que le temps des vacances estivales s'est avéré un succès si foudroyant qu'on en a fait l'une des émissions vedettes de l'automne ! La suite, comme on dit, appartient à l'histoire...

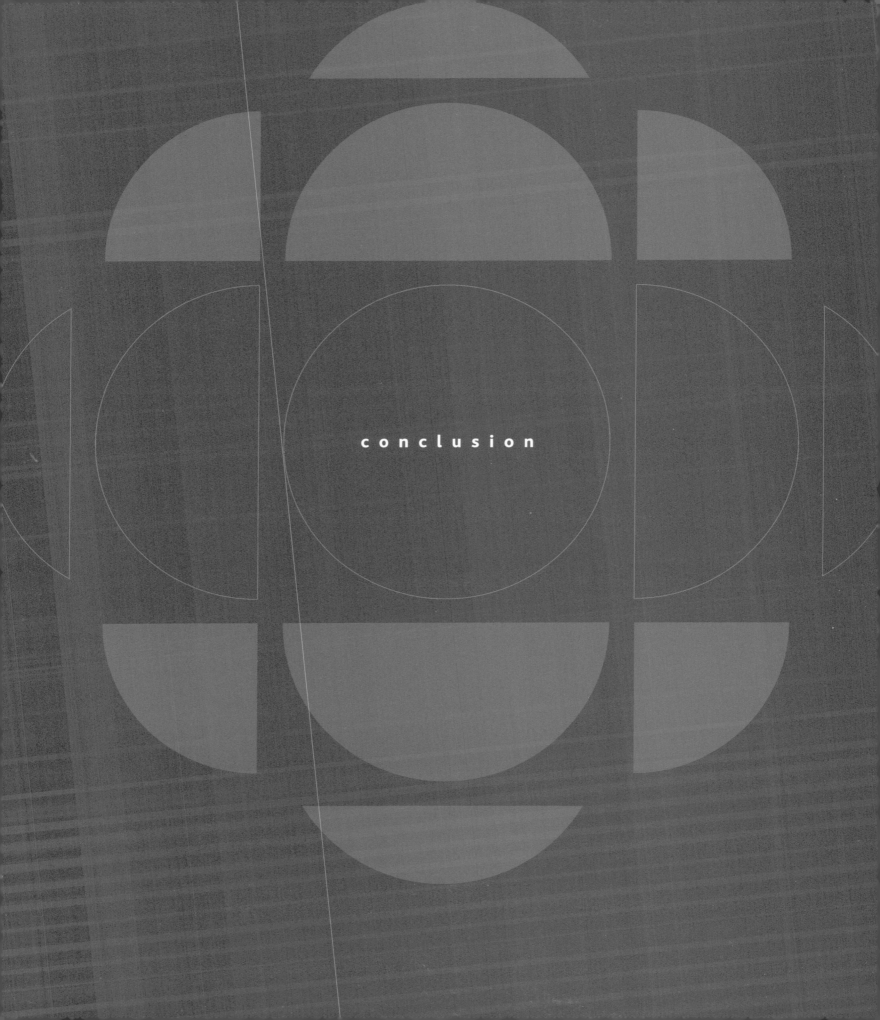

conclusion

Voir loin

Pendant fort longtemps, au moins dans la portion de l'histoire précédant l'avènement des technologies, l'humanité a vécu dans les strictes limites de ses sens. Sur les terres qu'il leur fallait conquérir, puis occuper, les hommes, les femmes et les enfants du premier monde avançaient avec l'idée arrêtée, évidente et irréfutable que ce monde se limitait à ce qui s'offrait à leur vue. Si, d'aventure, on se représentait un prolongement des zones assujetties, ce ne pouvait être, justement, qu'en imagination. Pendant la presque totalité de l'histoire de l'humanité, le monde au-delà du regard ne fut qu'une abstraction, une vision de l'esprit. Ce qui ne se voyait pas n'existait pas, ou alors, appartenait à un autre univers que celui des hommes : celui des dieux. Qui sait, d'ailleurs, si ces derniers ne sont pas nés de cette limite imposée à nos lointains ancêtres par leurs propres yeux?

Mais voici que, à l'intérieur d'une période formidablement courte de l'histoire, la télévision a permis de réaliser ce qui, pendant des millénaires, semblait l'une des plus manifestes improbabilités qui soient : la transmission de l'image à distance. Le monde, soudainement, revêtait une lumière nouvelle et élargissait sa perspective. Nous n'étions plus prisonniers de l'horizon. Des panoramas neufs nous apparaissaient

250 désormais, et avec eux aussi les paysages mentaux et affectifs qu'autorise toute ouverture sur autrui. Car c'est cela, n'est-ce pas, que la télévision crée avant toute chose : un rapprochement.

Et en effet, nous voici en un sens plus près que jamais de nos frères humains. Grâce à la télé, les événements de l'actualité secouant la partie la plus physiquement éloignée du monde me parviennent presque instantanément. Un concert diffusé sur l'autre continent résonne à mes oreilles comme si l'orchestre était à deux pas. Tel homme politique, prononçant son discours au bout du monde, est au même moment dans mon salon.

Voir loin, donc. Pour s'approcher, se rapprocher. Comme l'astronome plongeant le regard dans l'œil du télescope et découvrant de nouveaux mondes. Mieux : découvrant, par la force de l'analyse et de l'émotion, un sens nouveau à son propre monde. C'est sans doute ce qu'il y a de plus épatant avec le petit écran. Il permet à chacun, localement, de réévaluer la valeur de son petit territoire terrestre et humain. Pour ensuite, peut-être, mieux l'amalgamer à celui d'autrui.

Paradoxe : si la télévision crée ce rapprochement, c'est précisément parce qu'elle nous donne accès à ce qui est lointain, si lointain qu'il en est invisible. Mais, somme toute, le plus merveilleux n'est pas tellement que la télévision permette de voir au loin, mais plutôt qu'elle serve à annihiler cette distance entre nous et ce que nous regardons. Nous le disions il y a un instant : le monde, mené jusqu'à nous par les caméras, est désormais à portée de main. Que signifie, dans ce contexte, « voir loin »? Dans son sens le plus apparent, l'expression traduit sans nul doute la possibilité dorénavant d'en connaître davantage sur nos semblables. Mais, à la sortie du présent ouvrage, on comprendra que « voir loin » veut dire ici bien plus encore. Car, au-delà des prouesses technologiques qui, menant à l'invention de la télévision, ont bouleversé l'histoire du monde (et celle du XXe siècle en particulier), « voir loin » résonne en nous-mêmes comme une sorte d'invitation. Invitation à nous servir avec un peu plus de constance des facultés propres à notre condition humaine : celles de rêver, d'imaginer, de créer. Invitation aussi à nous émouvoir des beautés et des richesses de notre monde, des grandeurs, des splendeurs, des faiblesses et des infortunes de ceux et celles qui l'habitent.

Et c'est à ce fabuleux rendez-vous que la Télévision de Radio-Canada vous convie, pour encore longtemps...

251

INDEX

252

Les noms en italique
indiquent les
personnages cités
dans l'ouvrage.

La numérotation correspond aux pages du livre. h : haut, b : bas, c : centre, g : gauche, d : droite

ADISQ : 183g • Aldana, Guillermo : 121gh • Archives personnelles de Bernard Drainville : 121d • Archives personnelles de Céline Galipeau : 122g • Archives personnelles de Christine St-Pierre : 122d • Archives personnelles de Daniel Poirier : 117gb • Archives personnelles de Guy Gendron (Sergio Santos) : 122cb • Archives personnelles de Jean-François Lépine : 123ch • Archives personnelles de Jean-Michel Leprince : 121cb • Archives personnelles de Julie Miville-Dechêne : 123g • Archives personnelles de Micheline Fortin : 131h • Archives personnelles de Marc-André Masson : 117db • Archives personnelles de Michel Jean : 117cgb • Archives personnelles de Raymond St-Pierre : 122ch • Avanti Ciné Vidéo : 22, 175h, 177b • Bastien, Nathalie : 117cdb • Bernier, Jean : 43b, 48b, 49b, 50g, 50dh, 50dc, 50db, 51h, 51c, 51gb, 51db, 64b, 64h, 65, 67h, 69h, 69b, 76, 83b, 87b, 105g, 107g, 117gh, 117cgh, 117cdh, 117dh, 119gb, 131c, 131b, 135b, 144, 145b, 150c, 151b, 159c, 159b, 161b, 163h, 168b, 172, 183c, 183d, 185h, 193h, 193b, 205h, 205b, 214g, 214d, 216h, 217gb, 217db, 217dh, 242, 243db, 247 • Bernoy, Luc : 137h • Brault, Bernard, *La Presse* : 42h, 42b, 43h, 115g • Brittain, James : 123d • Chamberland, Martin : 115ch • Chamberland, Michel, *La Presse* : 105h, 115gb • Cité Amérique Cinéma Télévision Inc. : 24h, 25h, 25c, 57gb, 57db • Claès, Louis : 63d • Communications Claude Héroux Plus inc. : 23b • Cornellier, André : 107b • Côté, Pierre, *La Presse* : 115gh • Drolet, Vincent : 78 • Dury, Pierre : 102 • Dutil, Georges : 167b • Frund, Jean-Louis : 124 • Gariépy, Roméo : 188b • Gaudard, Pierre : 149gh • Gauthier, Michel : 24b, 68h, 68b, 101h, 151h • Gauvin, Serge : 233b • Gélinas, Pascal : 133b • Graphisme Louisa Nichol : 149cb • Gravel, Michel, *La Presse* : 21, 39h, 45ch • Gripas, Yuri : 121gb • Karsenty, Jean-Pierre : 32h, 32c, 36cb, 36d, 38b, 86h, 88, 89h, 91h, 104h, 105b, 106, 119c, 125c, 125h, 130b, 130g, 133h, 134, 135h, 136b, 137b, 147g, 147d, 149gb, 151c, 158h, 158b, 162, 166h, 168h, 179ch, 179cb, 186-187, 188g, 188dh, 188db, 189h, 189bg, 189bd, 191b, 192h, 201h, 204h, 207, 212, 215h, 243gb, 243ch, 243cb, 243hd • Keystone Press Agency : 103 • Labatt, Lawrence : 91b • Le Coz, André : 14, 18, 23h, 23c, 27, 28h, 28b, 29, 30d-31, 32b, 33h, 36gh, 48h, 52h, 56, 58-59, 60, 61c, 63g, 66, 67b, 73, 77h, 77b, 79h, 79b, 80-81, 82h, 82b, 83h, 85h, 85b, 86c, 87h, 89b, 96, 98h, 98b, 99, 100h, 101b, 125b, 127b, 128-129, 130d, 132, 133c, 145h, 147c, 148, 149ch, 161c, 164, 170-171, 174, 176, 177h, 179gh, 180-181, 196, 202-203, 206, 209h, 219, 220h, 220c, 220b, 221, 222-223, 224, 225h, 225b, 226, 227h, 227b, 230-231, 233h, 239, 240b, 241b, 244, 246b • Les Productions Aetios inc. : 55h • Les Productions La Fête inc. : 140-141 • Les Productions Point de mire inc. : 139 • Les Productions SDA : 100b, 210b • Les Productions Sovimage inc. : 138b, 143 • Les Productions Via le monde (D.B.) Inc. : 138h • Les Productions Vidéofilms ltée : 61b, 61h • Lessard, Carl : 119gh • London Press Services : 34 • Maillet, Bob : 90 • Mailloux, Robert, *La Presse* : 45d • Maison Premier Plan : 167h • Masse, André : 211h, 213, 215b, 227c, 229 • Massenet, Bruno : 119dh • McCann, Pierre : 38h, 40 • Menten, Francis J. : 57h, 160, 169, 179gb, 243gh, 246h • Michel Rouette : 213, 215b • Motion International IV inc. : 54b, 54h • Nadon, Robert, *La Presse* : 38g, 44h, 44b, 45gb • NASA : 36gb, 36ch • Paul, Henri : 4-5, 30g, 47h, 47b, 97h, 97b, 136h, 237, 238b • Photo Features Ltd : 39b • Photo Zoom : 159h • Picard, René : 45cb • Pixcom : 150g • Plamondon, René : 211b • Prisma inc. : 52b • Productions Guy Cloutier : 161h • Puiberneau : 163b • Richard, Monic : 173b • Roizen : 41b • Rouette, Michel : 215b, 216b • Rozon, André : 107d • Saint-Jean, Roger, *La Presse* : 45gh • Image de la Télévision de Radio-Canada : 37b • Photothèque de Radio-Canada : 33b, 37h, 37g, 41h, 85g, 86g, 93, 94, 95, 115cb, 121ch, 127h, 149d, 166c, 166b, 179d, 185c, 185b, 190h, 190b, 191h, 191c, 192b, 193c, 204b, 209b, 228, 235b, 238h, 240h, 245 • Service des communications de Radio-Canada : 142gh, 142gb, 142c, 142dh, 142db, 150d • Télé-Action : 55b • Téléfiction Production Photographe : Véro Boncompagni : 232g, 232d • Thibodeau, Jean-Guy : 104b • Tremblay, Bruno : 123cb • TVA International : 25b, 26, 53g, 53d • Verseau International inc. : 49h • Ville de Montréal : 35 • Vivavision Inc. : 198, 236b, 236h, 236c

Couverture arrière : Dury, Pierre : c • Le Coz, André : h, gb, db • Massenet, Bruno : cb

TABLE DES MATIÈRES

Achevé d'imprimer au Canada en septembre 2002 sur les presses de l'imprimerie Interglobe.